AF549085

Susanne Koppe

»Habt ihr schon einen Namen?«

Die schönsten Vornamen

Mit Illustrationen
von Daniela Bunge

Insel Verlag

Insel-Bücherei Nr. 1402

Inhalt

Mutig wie ein Löwe, fleißig wie ein Bienchen 12
Namen aus dem Tierreich

Strahlend wie die Sonne, ehern wie die Eiche 16
Namen von Himmel und Erde

Schön wie eine Rose, duftend wie ein Veilchen 22
Namen aus dem Blumengarten

Gott sei mit dir 30
Namen aus der Welt des Glaubens

Helden, Herrscher, Kultfiguren 36
Namen mit großem Klang

Wer bist du? 44
Namen, die Auskunft geben

Gemeinsam sind wir stark 52
Namen mit sozialer Kompetenz

Gesundheit, Glück und langes Leben 58
Namen, die Segen bringen

Voll Dankbarkeit zeigen wir an … 66
Namen der Liebe

Reisende durch Zeit und Welt 70
Namen, die gleich und doch nicht gleich sind

Schnee von gestern, Stars von morgen 76
Namen, die wir einst liebten und wieder lieben werden

Vom Wir und vom Ich 88
Namen, die verbinden und abgrenzen

Weisheit regiert die Welt 96
Namen auf den internationalen Hitlisten

Wussten Sie schon, dass … 101

Aaron | Aron: der Bruder von Moses; die Bedeutung dieses biblischen Namens ist ungeklärt, *hebr.*

Abdullah: der Diener Gottes, *arab.*

Abebi: die Ersehnte, *niger.*

Abigail: Abbey (engl.), des Vaters Freude, *hebr.*

Abraham: Abram, der erhabene Vater, Stammvater des Volkes Israel, *hebr.*

Achim: ‣ Joachim

Achmed | Ahmed: der Preiswürdigste, *arab./türk.*

Ada: die Insel, *türk.*

Adelaide | Adèle: *frz.* ‣ Adelheid

Adelheid: von edler Art und Gestalt, *germ.*

Adelina: *tschech.* ‣ Adelheid

Adil: gerecht, *arab.*

Adrian | Adriane: jemand aus der Stadt Adria, *lat.*

Afra: afrikanisch, *lat.*

Agathe | Agatha: die Tugendhafte, *griech.*

Agnes: Agneta (schwed.), die Reine, Geheiligte, *griech.*

Ai: die Liebe, *jap.*

Aike | Aike: *niederdt.* ‣ Eckard

Aiko: das Kind der Liebe, *jap.*

Aileen | Ayleen: *engl.* ‣ Adelheid

Aimée: die Geliebte, *frz.*

Aischa | Ayse: die Lebendige, Lebensfrohe, *arab./türk.*

Akiko: die Morgensonne, auch – je nach Schriftzeichen – als Herbstkind zu übersetzen, *jap.*

Akim | Aki: *finn./russ.* ‣ Joachim

Akira: hell, klar, *jap.*

Alain: Alan/Allen (engl.), der Fels, *kelt./frz.*

Alba | Albin: der oder die Weiße, Sinnbild der Reinheit, *lat./frz.*
Albert | Albrecht: von Adalbert, edel und glanzvoll, *ahd.*
Aleka: Alika, Alike ‣ Adelheid
Alena | Alene: *tschech.* ‣ Magdalena
Alex: ‣ Alexander
Alexander: Alec (engl.), Alejandro (span.), Alessandro/Alessio (ital.), Alexandre (frz.), Alexis/Aléxandros (griech.), der Verteidiger, Beschützer *griech.*
Alexandra: Alessia (ital.), Alexa (russ.) ‣ Alexander
Alfred: Alf (engl.), Elf, Naturgeist und Umfriedung, *germ.*
Ali | Aliah: der/die Erhabene; die Schreibweise Aaliyah kam durch die gleichnamige US-Popsängerin auf, *arab.*
Alice: Alisia (ndl.), Alison (engl.), Alissa (russ.) ‣ Adelheid
Alina: Kurzform von Adelina und Helena
Aliya: die Erhabene, *arab.*
Alizée: der Passatwind, *frz.*
Aljoscha: *russ.* ‣ Alexander
Allegra: fröhlich, munter, *lat.*
Alma: die Fruchtbare, Nährende, junge Frau, *hebr./lat.*
Alois: Aloisius, Aloys, eingedeutschte Form von Louis (frz.); als klassischer Name der Gegenreformation vor allem in Süddeutschland und Österreich verbreitet ‣ Ludwig
Alrich | Alwin: der edle Reiche/der edle Freund, *germ.*
Althea: die Malve; Figur aus der griechischen Mythologie
Amadea | Amadeus: gottliebend, *lat.*
Amal: die Hoffnung, *arab.*
Amalia | Amalie: die Tüchtige, *germ.*
Amanda: die Liebenswerte, *lat.*
Amaryllis: Zierpflanze, Gestalt aus der Lyrik Vergils, *lat.*
Amata: die Geliebte, *lat.*
Amber: der Bernstein, *engl.*

Ambrosius | Ambros: zu den Unsterblichen gehörend, göttlich, *griech.*
Amelie: Amélie (frz.), Amely, *lat.* ▸ Amalia
Amin | Amina: vertrauenswürdig, *arab.*
Amir | Amira: der Fürst/die Fürstin, *arab.*
Amos: der von Gott Getragene, *hebr.*
Amrei: *süddt.* ▸ Anna, Maria
Amrit: der Unsterbliche, *ind.*
Amy: *engl.* ▸ Aimée
Anastasia: die Auferstandene, *griech.*
Anatol: der Sonnenaufgang, der aus der Gegend des Sonnenaufgangs, *griech.*
Anders: *schwed.* ▸ Andreas
Andrea: Andi, Andy ▸ Andreas
Andreas: Andi, Andor (ung./norw./schwed.), André (frz.), Andrea (ital.), Andrew/Andy (engl.), der Mann, *griech.*
Andrin: *rätoroman.* ▸ Heinrich
Angela: Angel (engl.), Angelina (ital.), Aniela (poln.), der Bote, Engel, *lat./griech.*
Angelika: Angelique (frz.), die Engelsgleiche, *lat.*
Angelo: Angel (span.), der Bote, Engel, *lat./griech.*
Anita: *span.* ▸ Anna
Anja: *russ.* ▸ Anna
Anjo: *fries.* ▸ Arnold
Anke: *niederdt./fries.* ▸ Anna
Anna | Anne: Anneli (süddt.), Anni (dt./engl.), Annick (breton.), im Hebräischen wurde das »H« tonlos gesprochen, Hannah und Anna sind also eigentlich ein und derselbe Name. Die Bedeutung wird sowohl auf das Bibelzitat »Er, der mich mit einem Kind gesegnet hat« zurückgeführt als auch auf das hebräische Wort »hanna« für liebreizend und schön, *hebr.* ▸ Hannah

Annabelle: Annabella, Annabel, Anabel, Doppelname aus Anna und Bella, wird auch von »amabilis« (lat.), liebenswert abgeleitet

Annette: Anette, Annett, *dt./frz.* ‣ Anna

Annika | Anika: *schwed./niederdt.* ‣ Anna

Anno: ‣ Arnold

Annuschka | Anjuta: *russ.* ‣ Anna

Anouk: *frz.-breton.* ‣ Anna

Anselm: Gott und Helm, *germ.*

Anthea: die Blühende, *griech.*

Antje: *niederdt./fries.* ‣ Anna

Anton: römischer Geschlechtername; Antonius, Antal (ung.), Anthony (engl.), Antoine (frz.), Antonio (span./ital.), beliebt durch den heiligen Antonius von Padua, den Schutzheiligen der Vergesslichen und der verlorenen Dinge, *lat.*

Antonia: Antonia, Antonie, Antoine/Antoinette (frz.), Antonella (ital.), *lat.* ‣ Anton

April: der im englischsprachigen Raum gebräuchliche Name geht auf den gleichlautenden Monatsnamen zurück, *lat.*

Arda: der Führer, außerdem Name eines türkischen Flusses, *türk.*

Ari: Are/Arne (skand.), der Adler, *nord.*

Ariadne: Ariana (ital.), Ariane (frz.), Figur aus der griechischen Mythologie, *griech.*

Arie | Ariel | Arielle: »der Löwe (Gottes)«, *hebr.*

Arif: weise, *türk.*

Aristide: der Edelste, *griech.*

Arnika: eine Heilpflanze, *lat.*

Arnold: Arnd, Arndt, Arno, Arnaud (frz.), aus Adler und Herrscher gebildet, *germ.*

Artemis: griechische Göttin der Jagd, *griech.*

Arthur | Artur: Art, Artus, der Bär, *kelt.*; der durch die Artus-Sage berühmte Name wird auch als Zusammensetzung von »Adler« und »Thor« gedeutet (germ.)

Asa: die Heilende, *hebr.*

Asad: Aslan/Arslan (türk.), der Löwe, *arab.*

Ashley | Ashley: der Eschenhain, ursprünglich ein Familienname, *engl.*

Asmus: ‣ Erasmus

Astrid: Asta, Astra, die göttlich Schöne, *nord.*

Attila: der Vater; berühmter Hunnenkönig, *got.*

Audrey: die Stärke, Macht, *engl.*

August: Augustin, Augustus, Augustinus, Beiname des ersten römischen Kaisers, dem zu Ehren ein Monat benannt wurde; beliebter Name von Kirchenfürsten, *lat.*

Aurel: Aurèle (frz.), Aurelio (ital./span.), der Goldene, römischer Geschlechtername, *lat.*

Aurelia | Aurelie: Aurélie (frz.) ‣ Aurel

Aurora: Aurore (frz.), die Morgenröte, *lat.*

Ava: Aveline (engl.), die Kraft, *germ.*

Axel: der Friedensvater; Kurzform des biblischen Namens Absalom, *schwed.*

Ayaka: das bunte Blütenblatt, *jap.*

Ayala: die Hirschkuh, *hebr.*

Aygül: die Mondrose, *türk.*

Ayla | Aylin: der Lichtkranz um den Mond/der Mondschein, *türk.*

Mutig wie ein Löwe, fleißig wie ein Bienchen

Namen aus dem Tierreich

Einen Menschen zu benennen und seinen Namen als Teil seiner Person zu verstehen verbindet alle Menschen dieser Welt. Faszinierenderweise schöpfen selbst die verschiedensten Kulturkreise dabei aus demselben Themenkatalog: Das, was der Mensch als groß, wichtig, schön oder nützlich empfindet, ist die Quelle unserer Namen.

Viele Namen haben sehr alte Wurzeln, und ihre Entstehung reicht bis in die Zeiten zurück, als Mensch und Tier noch eins waren: Ob als Gottheit verehrt, als Beute gejagt, zum Haustier und Gefährten gezähmt oder wegen seiner Schönheit oder einer besonderen Fähigkeit bewundert, Tiere sind unsere ältesten Namenspaten. Ein Schamane versucht sich durch eine Tiermaske animalische Kräfte anzueignen, ein König verwendet ein Adlerwappen – und Eltern geben ihren Kindern Tiernamen. Die von starken und als edel empfundenen Tieren wie Löwe und Bär für Jungen, die von schönen, zarten und für Fruchtbarkeit und Mütterlichkeit stehenden wie Taube, Reh und Biene für Mädchen. Interessant ist, dass die Germanen dabei zwischen Frau und Mann keine großen Unterscheidungen machten. Als kriegerisches, von den Völkerwanderungen gebeuteltes Volk bevorzugten sie fast ausnahmslos wilde und gefährliche Tiere als Namenspaten. Wegen der Lautverschiebungen und Klangverschleifungen erkennen wir sie heute oft nicht mehr: In *Rudolf* z.B. versteckt sich ein Wolf, in *Bertram* ein Rabe mit glänzendem Gefieder.

Arie • Debbie • Leander • Jorid • Benno
Lara • Falk • Lea • Jonas • Leonie • Orson
Merle • Yunus • Milva • Philipp • Swantje
Robin • Tabea • Urs • Ylva

Babette: *frz.* ‣Barbara, Elisabeth

Balthasar: »Gott schütze den König«, *hebr./griech.*

Barbara | Bärbel: die Fremde, *griech.*

Bartholomäus: »Sohn des Tolmai«, einer der Apostel, *hebr.*

Bastian: Bastién (frz.) ‣Sebastian

Beat | Beate: der/die Glückselige; die männliche Form ist vor allem in der Schweiz verbreitet, *lat.*

Beatrix: Beatrice (frz.), Beatriz (span.), die Glückverbreitende, *lat.*

Becky: *engl.* ‣Rebekka

Bekir: das junge Kamel, *arab./türk.*

Béla: Bedeutung ungeklärt, *ung.*

Belinda: aus den Worten für Kampf und sanft gebildet (germ.), auch als Zusammensetzung von ‣Bella und ‣Linda

Bella: die Schöne, *lat.*

Ben: Benni, Benny, *engl.* ‣Benjamin

Benedikt: Bengt (schwed.), Benito (span.), Bent (dän.), Bento (port.), der Gesegnete, *lat.*

Benita: *span.* ‣Benedikt

Benjamin: das Glückskind, Kind der Freude, *hebr.*

Benno: ‣Bernhard

Ber: der Bär, *jidd.*

Bernadette: Bernardina (ital.), *frz.* ‣Bernhard

Bernhard: Bernard (engl./frz.), Bernardo (ital.), Bernd/Bernt (skand.), stark wie ein Bär, *germ.*

Bert | Bertha: der Namensteil -bert/Bert- findet sich in vielen alten deutschen Namen und steht für Glanz und strahlende Pracht, *germ.*

Berthold: Bertold, Bertolt, der glanzvolle Herrscher, *germ.*

Bertram: aus Bär und Rabe gebildet, *germ.*
Bess | Bessie: *engl.* ‣Elisabeth
Beth | Betty: *engl.* ‣Elisabeth
Bianca | Bianka: *ital.* ‣Blanca
Bibiana | Bibi: vor allem in Österreich verbreitet ‣Viviane
Bill | Billy: Lautumformung von Will, *engl.* ‣Wilhelm
Birger | Birk: der Helfer, Schützer; unser Wort Burg versteckt sich hier, *germ./skand.*
Birgit | Birgitta: ‣Brigitte
Birte | Birthe: *dän./fries.* ‣Brigitte
Björn: *nord./skand.* ‣Bernhard
Blanca | Blanka: Blanche (frz.), die Weiße, Glänzende; Sinnbild der Unschuld, *lat.*
Bob | Bobby: Lautumformung von Rob, *engl.* ‣Rupert
Bogdan: das Gottesgeschenk, *poln./russ.*
Bonifaz(ius) | Bonifazia: gutes Schicksal bringend, *lat.*
Bonita: Bonnie/Bonny (engl.), die Hübsche, Liebste, *span.*
Boris | Borislaw: der ruhmreiche Kämpfer, *russ./bulg.*
Bradley | Brad: die breite Waldlichtung, *engl.*
Brandon | Brendan: der Ginsterhügel, *engl.*
Branka | Branko: von Branislaw, der ruhmreiche Kämpfer, *serb./kroat./slowen.*
Brendan: der Prinz, *gäl.*
Brian | Bryan: der Edle, *gäl.*
Brigitte | Brigitta: Bridget (engl.), die Lichtgöttin, *nord.*
Britta: *schwed.* ‣Brigitte
Brooke: der Bach, englischer Familienname, *engl.*
Bruce: schottischer Familienname, wahrscheinlich verwandt mit Brooke
Bruno: der Braune, *germ.*
Burghard | Burkhard: der starke Schutz, *germ.*

Strahlend wie die Sonne, ehern wie die Eiche

Namen von Himmel und Erde

Gott pflügte die Erde, formte sie und hauchte ihr den Geist des Lebens ein: *Adam* war entstanden, Erde und Mensch zugleich. *Árpád*, das Gerstenkorn, nannte sich der Begründer der ungarischen Herrscherdynastie.

Namen von Erde und Himmel bringen die spirituelle Verbundenheit von Mensch und Natur zum Ausdruck. In den metaphernreichen Sprachen Asiens und des Orients klingen sie wie Gedichte: »Schneemond« (*Yusuki*, jap.), »Rosenmond« (*Gülay*, türk.), »Sonnenlicht des Morgens« oder »Herbstkind« (beides *Akiko*, jap., allerdings in unterschiedlichen Schriftzeichen gesetzt). Auch Licht und Dunkel, Tag und Nacht kommen oft in Namen vor. *Leila*, die Nacht, ist einer der beliebtesten Frauennamen in der arabischen Welt, und *Dawn,* die Dämmerung, ist ein alter englischer Name.

Bäume bewundert man wegen ihrer Höhe, der Nähe zu den himmlischen Wesen, und wegen ihrer Stärke und Langlebigkeit: *Song*, die Kiefer, ein in Korea beliebter Name, steht dafür. Das Symbol der Ewigkeit dagegen ist Gestein. »Du bist *Petrus*, und auf diesem Felsen will ich bauen meine Gemeinde«, taufte Jesus den Apostel Simon und schuf damit das Fundament der christlichen Kirche.

Härte und Wehrhaftigkeit werden durch Eisen signalisiert. Mit Gold, Edelsteinen und Perlen segnen Eltern ihr Kind mit Reichtum, hohem Rang und Schönheit. Im übertragenen Sinn drücken sie aus, wie lieb und teuer ihr Schatz ihnen ist.

Demir • Scharon • Rocco
Aylin • Adam • Estelle • Kim • Sünje
Zoltan • Luna • Peter • Mandana • Sten
Nora • Aurel • Grete • Luca
Aurora • Lian • Olivia

Cäcilie: die Schutzheilige der Musik ‣Cecil

Caja: ‣Katharina

Callum: abgeleitet von Columba, die Taube; ein berühmter schottischer Missionar, *schott./gäl.*

Calvin: der kleine Glatzkopf; der Name verbreitete sich dank des Reformators stark, *frz./engl.*

Camille: Camilla, Kamilla, die Kamelie; der Name wird auch vom römischen Geschlechternamen Camillus abgeleitet, *frz.*

Can: die Seele, das Leben, *türk.*

Candida: die Reine, *lat.*

Cara: Careen (engl.), Carin, Carina (ital.), die Liebenswerte, Teure, *lat.*

Carl: Carlo (ital.) Carlos (span./port.) ‣Karl

Carla: Carlina, Caro, Carola, Caroline, Carolin, Carleen/Carol (engl.), s. auch Karla ‣Karl

Carlotta: *span.* ‣Karl

Carmen|Carmela: nach der »Virgen del Carmen«, der »Jungfrau vom Berge Karmel«; wird auch mit dem lateinischen Wort »carmen«, das Lied, verbunden, *span./lat.*

Carsten|Karsten: *niederdt.* ‣Christian

Cassandra|Kassandra: Cass, Cassie *engl.*, die Verführerin, *griech.*, bei Homer eine trojanische Königstochter, die die Gabe des Vorhersehens besaß und den Untergang Trojas voraussagte; ihre »Kassandrarufe« jedoch blieben ungehört

Catarina: Catalina (span.), Caterina (ital.), Catharina, Catherine (engl./frz.) ‣Katharina

Cathy|Caty: *engl.* ‣Katharina

Catrin: ‣Kathrin

Cay: ‣Kai

Cecil|Cecilie: vom römischen Familiennamen Caecilius, später englischer Vorname

Cedric: der Kriegsherr, *gäl.*

Celina|Celia: Céline/Celine (frz.) ‣Cäcilie

Cem: der König, *türk.*

Cemal: *türk.* ‣Djamil

Ceyhan: die Gazelle, *türk.*

Chaim: das Leben, *hebr.*

Chantal: Beiname der heiligen Franziska Frémont de Chantal; wegen der Klangnähe zu »chanter«, singen, einer der beliebtesten französischen Namen im deutschsprachigen Raum, *frz.*

Charis: die Anmut, der Liebreiz, *griech.*

Charles: Charlie (engl.), *engl./frz.* ‣Karl

Charlotte: *frz.* ‣Karl

Che: Kurzname von Ernesto »Che« Guevara

Chelsea: nach einem Londoner Stadtteil, *engl.*

Chen: groß, *chin.*

Cheryl: Cher, Cherrie, von Charity, Barmherzigkeit, *engl.*; Cher gilt auch als englische Kurzform von Chérie (frz.), der Liebsten, die gemeinsame Wurzel ist das lateinische Wort »Caritas«.

Cheyenne|Chayenne: Name eines nordamerikanischen Indianerstammes, *indian.*

Chiara: *ital.* ‣Clara

Chloé: das junge Grün; Beiname der griechischen Göttin Demeter

Chris|Chris: ‣Christian

Christian|Christiane: der Christ/die Christin, *griech./lat.*

Christine: Christin, Christina, Christl ‣Christian

Christoph: Christof, Christophe (frz.), Christopher (engl.), der Träger Gottes, *griech.*

Cilia: ‣Cecil

Cindy: *engl.*, Cynthia

Claire: *frz.*, Clare (engl.), Clarissa (ital.) ‣Clara

Clara | Klara: klar, hell, rein, *lat.*

Clark: der Gelehrte, Schreiber, *engl.*

Claudia: Claudine/Claudette (frz.) ‣Claudius

Claudius: Claude (frz.)/Claudio (ital./span.), nach einem römischen Geschlechternamen, *lat.*

Claus: ‣Nikolaus

Clemens: Clément/Clémentin (frz.), der Gütige, *lat.*

Clementine: ‣Clemens

Cleo | Clio: *griech.* ‣Kleo

Clinton: englischer Familienname, *engl.*

Clive | Clivia: die Klippe; die weibliche Form Clivia wurde nach einer Lady Clive zum Namen einer Zierpflanze, *engl.*

Coco: Kurzform von Namen wie Corinna, als eigenständiger Name durch die Modeschöpferin Coco Chanel etabliert, *frz.*

Coletta | Colette: *ital./frz.* ‣Nikolaus

Cole: kohlrabenschwarz, vom althdt. Namen Cola (engl.)

Colin: *engl.* ‣Nikolaus

Colleen: das Mädchen, *gäl.*

Conchita: vom lateinischen Wort »conception«, die Empfängnis, *span.*

Conni | Conny | Conni | Conny: ‣Cornelia, Konrad

Conrad: ‣Konrad

Cora: Corinna, Corinne (frz.), *griech.* ‣Cordelia

Coralie | Coraline: die Koralle, *lat./frz./engl.*

Corazon: das Herz, *span.*

Cordelia | Cordula: wird sowohl als die Spätgeborene wie auch als das Herzchen gedeutet, *lat.*

Corinna | Corinne: ‣Kora
Cornelia: Corrie, römischer Geschlechtername, *lat.*
Cornelius: Cornel, Cornell ‣Cornelia
Cosima: Cosma, Cosmea, von Kosmos, Anordnung, Ordnung, Schmuck; die Cosmea ist eine Gartenblume, die wegen ihres schönen Blütenkranzes auch »Schmuckkörbchen« genannt wird, *griech.*
Craig: die Felsenspitze, *gäl.*
Crescentia | Kreszentia: die Wachsende, Gedeihende, *lat.*
Crystal: Krystal, Krystle, der Kristall, *griech./engl.*
Curtis: der Höfling, abgeleitet vom englischen »court«, der Hof
Cynthia: die vom Berg Kynthos stammende, Beiname der Artemis, der Göttin der Jagd, *griech.*

Schön wie eine Rose, duftend wie ein Veilchen

Namen aus dem Blumengarten

Als Symbol zweckfreier Schönheit und damit als Ausdruck eines gewissen Lebensluxus – der darin bestand, die Natur nicht nur zu bearbeiten, sondern auch zu genießen – erblühten im 19. Jahrhundert insbesondere in England Blumen- und Blütennamen: *Lilly*, *Daisy*, *Poppy* und *Heather*, also »Lilie«, »Gänseblümchen«, »Mohn« und »Heide«, wurden populär. Bei uns spielten Blumennamen lange Zeit eine eher untergeordnete Rolle, auf der Alpennordseite war das Klima für zarte Pflanzen wohl zu rau: Selbst *Heide* kommt von *Adelheid*, der Dame edler Art, und die viel besungene *Rosamunde* geht auf das Ross, also das Pferd, zurück. Allerdings wird dies schon so lang missverstanden, dass alle *Ros*-Namen heute einfach als Rosennamen gelten: Keine Blume ziert so oft Mädchen und Frauen wie sie, und im Orient gibt es geradezu eine Rosennamenspoesie.

Blumige Jungennamen gibt es übrigens kaum: *Narziss*, der schöne Jüngling, der sich in das eigene Spiegelbild verliebte und sich nach seinem Tod in eine Narzisse verwandelte, ist verständlicherweise kein verbreiteter Name geworden, und der vielgeliebte *Florian* ist nicht als Blume zu verstehen, sondern als Blühender, also als gesunder junger Mann.

Gül • Magnolia • Nasrin • Rosina
Camilla • Erika • Fiorella • Iris • Jasmin
Lale • Lili • Juri • Linnea
Margrit • Sahra • Susanne • Violetta
Cosmea • Holly • Dahlia

Dagmar: geht auf den altböhmischen Namen Drahomira, die Wertvolle, zurück und wird in Skandinavien auch als Zusammensetzung von Tag und Ruhm verstanden, *tschech./nord.*

Dahab: das Gold, *arab.*

Dahlia: die Dahlie, benannt nach dem schwedischen Botaniker Andreas Dahl, *schwed.*

Daisy: das Gänseblümchen, die kleine Margerite, *engl.*

Damian: der Bezwinger, *griech.*

Dana: die Dänin; auch Kurzform von Danica und Daniela, *nord./slaw.*

Danica | Danika: der Morgenstern, *kroat./serb./slowen.*

Daniel: Daniele (ital.), Danilo (serb.), Dan/Dany/Danny (engl.), »Gott ist mein Richter«, *hebr.*

Daniela | Danielle: (frz.) ‣ Daniel

Daphne: der Lorbeer; in der griechischen Mythologie verwandelte die Nymphe Daphne sich auf der Flucht vor dem in Liebe entbrannten Apollon in einen Lorbeerbaum

Daria | Darius: das Gute besitzend, klassischer persischer Herrschername der Antike

Darian: Kombination aus göttlich und gebend, *slaw.*

David: Davy (engl.), Gottes Liebling, *hebr.*

Dawn: die Morgendämmerung, *engl.*

Dean: der Vorsteher, *lat./engl*

Deanna: *engl.* ‣ Diana, Dean

Debora | Deborah: Debbie/Debra (engl.), die Biene, *hebr.*

Delia: von der Insel Delos kommend, Beiname der Göttin Artemis, *griech.*

Delphina: der Delphin, *griech.*

Demetria | Demi: von Demeter, der Göttin der Fruchtbarkeit, *griech.*

Demir: das Eisen, *türk.*
Deniz | Deniz: das Meer, *türk.*
Dennis: Den/Denny (engl.), Denis (frz.), von Dionysos, dem griechischen Gott des Weins, *griech./engl.*
Derek: *niederdt.* ‣ Dieter
Derya: die Mächtige, *türk.*, wird auch von Darya, das Meer, abgeleitet (pers.)
Desirée | Desiree: Deesje (ndl.), die sehnsüchtig Erwartete, *lat./frz.*
Devin: der Eifrige, *türk.*
Diana: Diane/Dianne (engl.), die römische Göttin der Natur, der Jagd und des Mondes, *lat.*
Dick: *engl.* ‣ Richard
Didier: *lat./frz.* ‣ Desirée
Diego: Bedeutung umstritten, *span.*
Dieter | Dietrich: gebildet aus Volk und Herrscher, *dt.*
Dilara: die innere Schönheit, *türk.*
Dimitri: *russ.* ‣ Demetria
Dina: Bedeutung umstritten, *hebr.*
Dino: *ital.* ‣ Dennis
Djamil | Djamila: der/die Schöne, *arab.*
Dobre: die Gute, *jidd.*
Dodi: ‣ Dorothea
Dolf: ‣ Rudolf
Dolores: von Mater dolorosa (lat.), die schmerzensreiche Mutter, ein Beiname Marias, *span.*
Domenika | Dominique: zum Herrn gehörend, *lat.*
Domenikus | Dominik: ‣ Domenika
Donald: Don, der Weltenherrscher, *gäl.*
Donat | Donata: der/die Gegebene, *lat.*
Donna: die Frau, *lat.*

Donovan: braun, schwarz, dunkel, *gäl.*
Dori: der leuchtende Stern, *pers.*
Dorian: Kunstname Oscar Wildes für die Hauptfigur seines Romans »Das Bildnis des Dorian Gray«, *engl.*
Doris: die dorische Frau, *griech.*
Dorit: ‣ Dorothea
Doron: das Geschenk, *hebr.*
Dorothea: das Geschenk Gottes, Umstellung von Theodora, *griech.*
Dörte | Dorte: *fries.* ‣ Dorothea
Drees | Dries: *niederdt.* ‣ Andreas
Dunja: die Quitte (slaw.), die Welt (arab.), *slaw./arab.*
Dylan: Bedeutung ungeklärt, Held der walisischen Mythologie, *engl.*

Earl: der Baron, *engl.*
Eberhard(t): stark wie ein Eber, *germ.*
Eckard(t): Ekkehardt, Eckhart, gebildet aus den Worten Speerspitze und Kraft, *germ.*
Edda | Eda: Kurzform von Namen wie Edeltraud, außerdem italienische Variante von Hedda
Edeltraud: gebildet aus edel und vertraut, *ahd.*
Edgar: gebildet aus Erbe und Speerspitze, *altengl.*
Edith: gebildet aus edel und Kampf, *altengl.*
Edmund: gebildet aus Erbe, Besitz und Schutz, *altengl.*
Eduard: Ed, Eddi, diese ursprünglich französische Variante geht zurück auf den Namen Edward, der sich aus Besitz und Hüter zusammensetzt, *altengl.*
Edwin: gebildet aus Besitz (Erbe) und Freund, *altengl.*
Effi: ‣ Elfriede
Egmont: gebildet aus Schwert und Schutz, *germ.*
Egon: die Schwertschneide, *ahd.*
Eike: Eiko, Eyk, Eycke, *niederdt.* ‣ Eckard(t)
Eileen: *ir.* ‣ Helena, Evelyn
Einar: der Krieger, *nord.*
Ela: Kurzform von Namen wie Elisabeth oder Daniela
Elaine: *engl.* ‣ Helena
Elda: *ital.* ‣ Hilde
Elektra: der Bernstein, *griech.*
Elena: *ital./span./port.* ‣ Helena
Elfriede: Elfi, Kombination aus Elfe und Stärke, *altengl.*
Eleonora | Eleonore: Elea, Elinor (engl.), die Fremde, *germ./frz.*
Eli: biblischer Name umstrittener Herkunft, *hebr.*
Elias: Eli/Ilja (russ.), Elia (hebr., ital.), Elijah (engl.), »Jahwe ist Gott«, *hebr.*

Elif: die Erstgeborene; dank der Beliebtheit der deutsch-türkischen Popsängerin Elif Demirezer einer der beliebtesten türkischen Mädchennamen, *türk.*

Elina: ‣Helena, Elias

Eliot | Elliot: Familienname, der auf eine altfranzösische Koseform von Elias zurückgeht, *engl.*

Elisa | Elise: Eliza (engl.) ‣Elisabeth

Elisabeth: Elisabetta (ital.), Elizabeth (engl.), Elspeth (schott.) und viele weitere Varianten und Kurzformen, Elisabeth stammt aus dem Griechischen, die Griechen wiederum hatten den Namen aus dem Hebräischen importiert. »Gott ist Vollkommenheit« soll die Urfassung »Elischeba« bedeuten. Überregional verehrte Heilige wie Elisabeth von Thüringen und berühmte Herrscherinnen wie Elizabeth I. von England sowie die unter der Koseform Sissy bekannte Elisabeth von Österreich taten ein Übriges, um den Namen beliebt zu machen, heute oft in Kurzformen wie Lisa und Lilli

Elischa: biblischer Prophet, Nachfolger des Elias

Elke: Elka, *niederdt./fries.* ‣Adelheid

Ella: Kurzform von Namen wie Elisabeth, Helena oder Graciella

Ellen: ‣Helena

Elma: zusammengezogene Kurzform von Elisabeth und Maria, auch als Variante von Alma verstanden

Elmar: der ruhmreiche Edle, *germ.*

Elmira: geht zurück auf westgotische Namen wie Alamir, der große Wert, *span.*

Élodie: der freie Besitz, *germ./frz.*

Eloise | Heloise: Kombination aus Wald und Gesundheit, der ursprünglich germanische Name wurde aus dem Französischen ins Deutsche rückimportiert, *ahd./frz.*

Elsa | Else: Els, Elsbeth ▸ Elisabeth

Elton: englischer Familienname, *engl.*

Elvira: westgotische Herkunft, wahrscheinlich gebildet aus Freude und Wehrhaftigkeit, *span.*

Elvis: Bedeutung unbekannt, durch Elvis Presley seit den 1960er Jahren vor allem in den USA verbreitet, *engl.*

Emanuel | Emanuela: ▸ Immanuel

Emely | Emily: *engl.* ▸ Emil

Emil: Émile (frz.), Emilio (ital.), vom römischen Geschlechternamen »Aemilius« abgeleitet, *lat.*

Emilia | Emilie: ▸ Emil

Emin | Emine: *türk.* ▸ Amin

Emma: einer der heute so populären Namen aus der Groß- und Urgroßelterngeneration ▸ Irma

Engin: unendliche Weite, offenes Meer, *türk.*

Enno: kurz für Namen wie Arnold und Egon, *niederdt./fries.*

Enrico | Enzo: *ital.* ▸ Heinrich

Ephraim: der Fruchtbare, *hebr.*

Erasmus: liebenswürdig, begehrenswert, *griech./lat.*

Erdogan: der Falke, *türk.*

Erhard(t): gebildet aus Ehre und Kraft, *germ.*

Erich | Erik: Erick, der Alleinherrscher, *nord.*

Erika: das Heidekraut; wird auch als weibliche Form von Erich verstanden, *griech.*

Erin: Irland, *gäl.*

Erkan: gebildet aus Mann und Blut, *türk.*

Ernst | Erna: Ernst, Eifer, *ahd.*

Erol: »Sei ein Mann!«, *türk.*

Gott sei mit dir

Namen aus der Welt des Glaubens

Wäre jeder der in diesem Buch versammelten Namen religiösen Ursprungs mit einem Sternchen versehen, dies Lexikon würde einem Sternenhimmel gleichen. In vorchristlichen Zeiten konnte jeder Berg, jeder Baum, jedes Lebewesen göttlich beseelt sein, und auch später gab es unzählige Götter und Himmelswesen. Das Leben unserer Vorfahren war durch und durch von Spiritualität geprägt, heute dagegen bleibt uns die Symbolik dieser Namen, die einst Segen und Schutz bringen sollten, oft verschlossen. Wer denkt schon spontan daran, dass *Susanne*, die Lilie, ein Symbol der Unschuld ist, und *Oliver* mit einem Olivenzweig Hoffnung bringt?

Biblische Namen verbreiteten sich ab dem 4. Jahrhundert in Europa, waren aber zunächst nicht sehr beliebt. Das änderte sich durch den ab dem 8. Jahrhundert einsetzenden Heiligenkult. Heidnische Namen wie *Ulrich* und *Bernhard*, *Brigitte* oder *Dorothea* missionierte man sozusagen durch die Heiligsprechung von Märtyrern und anderen bedeutenden Kirchenleuten, die Träger dieser Namen waren. Zusätzlich angereichert wurde der christliche Namensschatz durch die zunehmende Verbreitung von bekennenden Namen wie *Christian*, der Christ, oder Tugendnamen wie *Agnes*, die Reine. Glaubensnamen werden heute meist nicht mehr als Bekenntnis empfunden, sie sind Teil unserer kulturellen Identität. Das gilt übrigens gleichermaßen auch für andere Religionsgruppen wie den Islam oder das Judentum.

Arielle • Ibrahim • Asta • Diana • Samuel
Maya • Oskar • Malaika • Mika • Jan • Jona
Sarah • Thorsten • Helena • Daniel • Noah
Lili • Judd • Mia • Paul

Eros: der Gott der Liebe, *griech.*
Erwin: gebildet aus Heer und Freund, *ahd.*
Esperanza: die Hoffnung, *span.*
Esra: »Gott hilft«, *hebr.*
Esra: geschwind, *türk.*
Esteban: *span.* ‣ Stephan
Esther: Ester, Estelle (altfrz.), Estrella (span.), die sprachliche Wurzel dieses biblischen Namens ist wahrscheinlich das altpersische Wort für Stern, *hebr.*
Ethan: der Beständige, *engl.*
Étienne: *frz.* ‣ Stephan
Etta: Kurzform von Henriette ‣ Heinrich
Eugen: der Edle, *griech./lat.*
Eva: Eve, Evi, Ewa, die Mutter allen Lebens, *hebr.*
Evan: *walis./engl.* ‣ Johann
Eve: die Abenddämmerung, *engl.*
Evelin | Evelyn: Ava, *engl.*

Fabian: Fabiano (span.), Fabien, Fabius (frz.), Fabio (ital./span.), römischer Geschlechtername mit der Bedeutung »die Bohne«, *lat.*

Fabienne | Fabiola: *frz./ital.* ‣ Fabian

Fabrice | Fabrizio: (frz./ital.), nach dem römischen Geschlechternamen Fabricius, »der Handwerker«, *lat.*

Fabrizia: *ital.* ‣ Fabrice

Fadila: die Tugend, *arab.*

Fahd: der Gepard, *arab.*

Faith: der Glaube; eine der Kardinaltugenden, die die Puritaner gerne als Namen vergaben, die, wie auch Joy und Grace, bis heute in den USA verbreitet sind, *engl.*

Falco | Falk: der Falke, *germ.*

Fanni | Fanny: Fanja (russ.), *engl.* ‣ Franziska

Farah: die Fröhlichkeit, *arab.*

Farid: einzigartig, unvergleichlich, *arab.*

Fatima | Fatma: die Entwöhnende; Tochter des Propheten Mohammed, *arab./türk.*

Federica | Federico: *ital./span.* ‣ Friedrich

Fee: Kurzform von Felicitas, wird auch mit dem Zauberwesen in Verbindung gebracht

Felina: Feline, wahrscheinlich von Felix abzuleiten, *lat.*

Felipe | Filipo: *span./ital.* ‣ Philipp

Felix | Felicitas: der/die Glückliche, *lat.*

Fenja: Koseform von Feodora, *russ.* ‣ Theodor

Feodor | Feodora: *russ.* ‣ Theodor

Ferdinand: Fernando (span.), gebildet aus friedlich und kühn, *germ.*

Filip: in Skandinavien, den Niederlanden und Tschechien übliche Schreibweise, in jüngerer Zeit auch im deutschen Sprachraum ‣ Philipp

Finja: Finnia, Finya, Finnya, Fynia ‣ Finn
Finn: Fin, Fynn, jemand aus Finnland, wird auch als Variante von Fion gesehen, *nord.*
Fion | Fiona: der/die Blonde, *gäl.*
Fiorella | Fioretta: das Blümchen, *ital.* ‣ Flora
Fjodor: *russ.* ‣ Theodor
Flavia | Flavius: der/die Blonde, *lat.*
Flemming: der Flame, *skand.*
Flora: Fiorina (ital.), Flor (span.), Florence (engl./frz.), Florentine/Fleur (frz.), die Blume, auch Göttin der Blüte und des Frühlings, *lat.*
Florian: Florin, Flurin (rätoroman.), der Blühende, römischer Geschlechtername, Schutzpatron gegen Feuer und Dürre, *lat.*
Flynn: rötlich, *engl.*
Franca | Franka: ‣ Frank
Franja | Franjo: *slow./kroat./serb.* ‣ Franziskus
Frank: Frankie, Franklin (engl.), der Freie, *germ.*
Franz: ‣ Franziskus
Franziska: Franzi, France, Françoise (frz.), Frances (engl.), Francesca (ital.) ‣ Franziskus
Franziskus: Francesco (ital.), Francis (engl./frz.), Franco (span.), François (frz.), Verkleinerungsform von Frank, dem Freien; der heilige Franziskus soll den Namen Francesco sowohl wegen der Wortbedeutung als auch wegen seiner Liebe zu Frankreich gewählt haben. Seine große Popularität und der nach ihm benannte Orden führten zur weltweiten Verbreitung des Namens in den verschiedensten Sprachen und Varianten, *lat.*
Frauke: die Herrin, *germ.*
Fred: Freddy (engl.), Frédéric (frz.), Fredo ‣ Friedrich
Frederick: Fredrik, *niederdt./dän./ndl.* ‣ Friedrich

Frederika | Frederike: Frédérique (frz.) ‣ Friedrich

Freia: Freja, Freya, Freyja, in der nordischen Mythologie war Freyja die Erdgöttin und die Göttin der Liebe und des Frühlings

Frerk: *niederdt./fries.* ‣ Friedrich

Frieda | Frida: ‣ Friedrich

Friedemann: der Schützende, *ahd.*

Friederike: ‣ Friedrich

Fridolin: romanische Koseform von Friedrich

Friedrich: Fried, Friedel, Frieder, Friederich, gebildet aus Friede und Fürst, traditioneller Name des preußischen Königshauses, *germ.*

Frithjof: der Diener, auch der Dieb, *nord.*

Fritz: Fritzi, Frizzi, die Koseform Fritzi ist auch ein Mädchenname ‣ Friedrich

Fulvia | Fulvio: rotblond, nach dem römischen Familennamen Fulvius, *lat./ital.*

Helden, Herrscher, Kultfiguren

Namen mit großem Klang

Liebt und verehrt man einen Menschen, dann möchte man für immer ein Andenken an ihn haben. Und hält man diesen Menschen für etwas ganz Besonderes, wünscht man sich, dass seine Größe auf das eigene Kind übergeht. Aus diesem Grund sind die Namen von Großeltern, Freunden und Verwandten so beliebt: Sie werden als Paten gewählt, und mit den Großen der Welt verhält es sich ähnlich.

Die schöne Helena, Karl der Große, Ludwig von Bayern, Friedrich von Preußen, Elisabeth von England, Kaiserin »Sissi« Elisabeth von Österreich, der heilige Franziskus von Assisi, die heilige Johanna von Orleans, Sankt Martin, Sankt Nikolaus … Bis heute sind die Namen von Göttern, Helden, Heiligen und Königen weit verbreitet, und Rom regiert weite Teile der Welt: International ungemein beliebte Namen wie *Justus* und *Anton*, *Julia* und *Cornelia* gehen auf Patriziernamen zurück.

In den deutschsprachigen Ländern waren natürlich die Namen des jeweiligen Herrscherhauses verbreitet: *Maximilian*, *Ludwig*, *Leopold* und *Caroline* in Bayern, *Friedrich*, *Wilhelm*, *Sophie* und *Charlotte* in Preußen, *Franz-Josef* und *Maria* (oft wie bei *Maria Theresia* mit einem anderen Namen gekoppelt) im Habsburgerreich. Heute sind es neben den medienwirksamen Royals vor allem Stars aus der Film- und Musikbranche, deren Namen Moden auslösen.

Sophie • Gustav • Jennifer • Heinrich
Lena • Diana • Nena • Nele
William • Lotte • Alexander • Arthur
Mette • Nelson • Felipe • Grace
Richard • Katharina • Konrad • Martin

Gabriel: Gábor (ung.), »Gott ist mein Held«, »Gott hat sich stark gezeigt«; Gabriel war einer der Erzengel, *hebr.*

Gabriele: Gabriela, Gabi, Gaby, Gabriella (ital.), Gabrielle (frz.) ‣Gabriel

Gaia: die Göttin der Erde, *griech.*

Gail: ‣Abigail

Gareth: Ritter der Artussage, Bedeutung unbekannt, *engl.*

Gary: Künstlername des Filmschauspielers Gary Cooper nach einer Stadt in Indiana, *engl.*

Gelsomina: Jasmin (engl.), *ital.*

Gemma: der Edelstein, *ital.*

Genoveva: Genofeva, Geneviève (frz.), die im Kampf Fortschreitende; berühmte Figur der altdeutschen Volkssagen, *germ.* ‣Jennifer

Geoffrey: der Fremde, *engl.*

Georg: George (engl.), Georges (frz.), Giorgio (ital.), der Bauer; Schutzheiliger der Kreuzfahrer und Nationalheiliger Englands, *griech.*

Gerald | Gerhard: gebildet aus Speer und Schutz bzw. Speer und Stärke, *germ.*

Gerd | Gero: Kurzformen von Namen wie Gerald, *germ.*

Gerda: Figur aus der nordischen Mythologie, im Namen ist das Wort »gard« für Schutz enthalten, zudem weibliche Variante von Gerd, *nord.*

Gerta: Gertrud, Gertraud, Gertje (fries.) Gesa (niederdt.), gebildet aus Speer und Vertrauen, *germ.*

Giacomo: *ital.* ‣Jakob

Gianni | Gino: *ital.* ‣Johann

Gilbert: von Giselbert, Zusammensetzung von Geisel und Glanz, *germ./frz.*

Gina: *ital.* ‣Regina
Gioia: die Freude, *ital.*
Giovanna | Giovanni: *ital.* ‣Johann
Gisela: die Geisel, *germ.*
Giulia | Giulietta: *ital.* ‣Julia
Giuseppe: *ital.* ‣Josef
Gloria: der Ruhm, *lat.*
Goda | Golo: Kurzform von Namen, die das althochdeutsche Wort »god« (Gott) enthalten, z.B. Gotthard
Golru | Gonscheh: das Rosengesicht/die Rosenknospe, *pers.*
Goran: *bulg.* ‣Gregor
Gracia | Grace: Grazia, die Anmut, Gnade Gottes, *lat./engl.*
Gregor: Greg/Gregory (engl.), Grégoire (frz.), Grischa (russ.), der Wachsame, *griech.*
Greta: Grete, Gretel, Greti, Gretchen (deutsche Koseform, in den USA als Hauptname genutzt), Grid/Griet (ndl.) ‣Margarete
Gudrun: gebildet aus Gott und Geheimnis, Figur aus dem Nibelungenlied, *nord.*
Guido: Guy (engl.), das Kind des Waldes (ital./roman.), abgeleitet von Widukind, *germ.*
Guillaume | Guillermo: *frz./span.* ‣Wilhelm
Gül: Gülay, Gulistan, die Rose, der Rosenmond, der Rosengarten, *türk.*
Günay: Sonne und Mond, *türk.*
Gunda | Gundula: ‣Gunter
Gunter | Günther: Gunnar (nord.), gebildet aus Kampf und Kriegsschar, Held des Nibelungenlieds, *ahd.*
Gusta: ‣August
Gustav: ruhmreicher Fremder, traditioneller Name der schwedischen Königsfamilie, *slaw./schwed.*

Habib | Habiba: der Liebling, *arab.*
Hagen: die Einhegung, *ahd.*
Haitham: der Adler, *arab.*
Hajo: Kurzform von Hans-Joachim
Hakan: der Herrscher, *türk.*
Hala: der Hof um den Mond oder die Sonne, *arab.*
Halil: *türk.* ‣ Khalil
Halima: die Geduldige, *arab.*
Hana: die Blume, *jap.*
Hanka: *poln./tschech.* ‣ Hannah
Hannah: Hanna, Hanne, Hanni; Hanna wird oft als Kurzform von Johanna missverstanden, ist aber die Schriftform von ‣ Anna
Hanane: die reine (mütterliche) Liebe, *arab.*
Hannes: *dt./fin.* ‣ Johann
Hanno: ‣ Johann
Hans | Hansi: ‣ Johann
Hardi | Hardy: Kurzform von Namen wie Hartmut
Hasan | Hassan: der Gute, *arab./türk.*
Hayat: das Leben, *arab./türk.*
Heather: das Heidekraut, *engl.*
Hedwig: Hedda, Hedi, die Kämpfende, *germ.*
Heide: das Heidekraut, wird auch als Variante von Heidi betrachtet, *germ.*
Heidi: ‣ Adelheid
Heinrich: Heiko, Hein, Heino, Hinrich, Heinz, Hinz, Heintje (ndl.), der Herr im Haus, *germ.*
Helena | Helene: Helen (engl.), Hélène (frz.), die Strahlende, abgeleitet von »helios« für Sonne; in der griechischen Mythologie löste die Entführung Helenas den Trojanischen Krieg aus

Helga | Helge: gesund und glücklich, später auch als heilig gedeutet, *nord.*
Hella: *norw.* ‣Helga
Helmut | Helmuth: gebildet aus Helm und Herrschen, *ahd.*
Hendrik: *ndl.* ‣Heinrich
Henning: *niederdt.* ‣Johann
Henry: Henri (frz.), *engl.* ‣Heinrich
Herbert: der glanzvolle Krieger, der Held, *germ.*
Hermann: der Kriegsherr, *germ.*
Herta | Hertha: nach der germanischen Erdgöttin Nerthus
Hervé | Harvey: kämpferisch, lebhaft, *breton./engl.*
Hila | Hila: der Sichelmond, *arab.*
Hilary | Hillary: die Heitere, *lat./engl.*
Hilde: Hilla, Kurzformen von Namen wie Hildegard; »hild« hat die Bedeutung Kampf, »gard« steht für Zaun, *germ.*
Holger: gebildet aus Insel »holm« und Speer »ger«, *nord.*
Holle | Holly: hold, schön; Holly ist auch der englische Name der dekorativen Stechpalme, *ahd.*
Holm: der Inselbewohner, *nord.*
Hope: die Hoffnung (in Gott), verbreitete sich in den USA als klassisch puritanischer Name, *engl.*
Horst: gebildet aus Hengst und Gehölz, *germ.*
Hoshi: der Stern, *jap.*
Hugo: Hugh (engl.), der Gedanke, Verstand, Geist, *ahd.*
Hulda: das Wiesel, *hebr.*
Hürrem: eine, die Freude bringt, *türk.*

Ian: *engl.* ‣Johann

Ibraham | Ibrahim: verwandt mit dem hebräischen Namen Abraham; im Islam gilt Ibrahim als Ahnherr des arabischen Volkes, *arab./türk.*

Ida: die Arbeit, *germ.*

Ignatius | Ignaz: nach einem römischen Geschlechternamen, *lat.*

Igor: geht zurück auf den altnordischen Namen Ingvar, das göttliche Heer, *russ.*

Ilja: *russ.* ‣Elias

Ilka: Kurzform von Ilona, *ung.* ‣Helena

Ilma: die Luft, *finn.*

Ilona: *ung.* ‣Helena

Ilse: niederdeutsche Kurzform von ‣Elisabeth

Imelda: *ital.* ‣Irma

Imke | Imme: niederdeutsche und friesische Form von Irmgard, Imme bedeutet auch Biene (ahdt.)

Immanuel: Emanuel (span./port.), Emanuele (ital.), Emmanuel (griech./frz.), »Gott ist mit uns«, *hebr.*

Ina: Kurzform von Namen wie Fiorina

Indira: die strahlende Schönheit, *ind.*

Ines: *span.* ‣Agnes

Inge: Inga, Ingrid, von der nordischen Gottheit Ingwio (Yngvi) abgeleitet, *nord.*

Ion: *fries./rumän.* ‣Johann

Ira: ‣Irene

Irene: Irena (lat.), Irène (frz.), Irina (russ.), die Friedensbringerin, *griech.*

Iris: als Regenbogen dargestellte griechische Götterbotin, die auch der blauen Schwertlilie ihren Namen gab, *griech.*

Irma: »irm« steht für groß und gewaltig (germ.), zahlreiche

Kombinationen wie Irmgard und Irmtrud waren lange populär

Isaak | Isaac: »Gott lächelt dein Kind an«, *hebr.*

Isabella: Isa, Isabell, Isabelle (frz.) ‣ Elisabeth

Isolde: gebildet aus Eisen und Kampf, *ahd.*

Isra: die nächtliche Reise, *arab.*

István: *ung.* ‣ Stephan

Ivan | Iwan: *slaw.* ‣ Johann

Ivo: *serb.* ‣ Johann

Ivo | Iwo: der Eibenbogen, *ahd.*

Ivy: der Efeu, *engl.*

Wer bist du?

Namen, die Auskunft geben

Manche Vornamen, die schlichte Anreden oder Beschreibungen waren, blieben irgendwann am Träger hängen: Der Sohn wurde für alle Zeit *Sönke,* das Mädchen *Corinna,* der Rätoromane *Reto* und die Frau aus der – barbarischen, unbekannten – Fremde *Barbara. Magnus* war groß, *Melanie* dunkelhaarig. Bei den ordnungsliebenden Römern nannte man einen Erstgeborenen *Primus*, das achte Kind *Oktavian,* und dazwischen gab es natürlich noch *Terzius* und *Quintus.* Auch Berufe wurden vereinzelt zu Namen, *Gregor* etwa ist ein Bauer.

Nomaden benannten ihre Kinder häufig nach ihrem Geburtsort, wodurch die Wanderrouten dokumentiert wurden. Diesen Brauch gibt es auch heute noch, in manchen Regionen Zentralafrikas führte er zur Verbreitung des Namens *Hospital*. Auch die Geburtszeit spielt immer wieder eine Rolle. Bei den Ewe in Togo heißt ein Montagskind *Adjo*. Bekommt es ein Brüderchen, das auch montags geboren wurde, heißt dieses *Adjovi*, das jüngere Montagskind. *Juanchin* aus China kam zu Frühlingsbeginn zur Welt, *Natalie* zur Weihnachtszeit. In katholischen Gegenden war es üblich, Findelkinder nach dem Heiligenkalender zu benennen, ein *Linus* z.B. war am 23. September gefunden worden.

Max • Eleonore • Simon • Finja • Tom
Undine • Adrian • Lena • Jenny
Moritz • Deniz • Marina • Paula
Theresa • Schorsch • Melanie • Tabib
Calvin • Winona • Finn

Jaak | Jaap: *ndl.* ‣ Jakob

Jack | Jacques: Jack wird auch von Jankin, einer Koseform von Johannes, abgeleitet, *engl./frz.* ‣ Jakob

Jacob: *engl.* ‣ Jakob

Jacqueline: Jackie/Jacky (engl.), *frz.* ‣ Jakob

Jacy: der Mond, *indian.*

Jade: grüner Halbedelstein, gebräuchlich ist der Name im englischsprachigen Raum, *ind.*

Jadon | Jayden: Jay, Jaydon, dankbar, *hebr./engl.*

Jael | Yael: der Steinbock, *hebr.*

Jago: *span./kroat.* ‣ Jakob

Jakob: Diego (span.), Jake (engl.), Jakov (russ.), Jakub (tschech./poln.), »Gott möge schützen«, *hebr.*

James: Jamie, *engl.* ‣ Jakob

Jamil | Jamila: ‣ Djamil

Jan: Janis (lett.), Janko (ung./bulg.), Janno ‣ Johann

Jana: *niederdt.* ‣ Johann

Jane | Janet: *engl.* ‣ Johann

Janik | Jannick: ‣ Johann

Janika | Janka: *tschech./bulg.* ‣ Johann

Janna | Janno: *fries./dt.* ‣ Johann

Jannika: ‣ Johann

Janosch: von János (ung.) oder Janusz (poln.), populär durch den Bilderbuchautor, *ung./pol.* ‣ Johann

Janus: römischer Gott des Anfangs und des Endes, nach dem der Monat Januar benannt ist, *lat.*

Jascha: *russ.* ‣ Jakob

Jasmin | Jasmine: *engl.* ‣ Yasemin

Jason | Jayson: der Heilende, *griech.*

Jasper: Jesper (dän.), *niederdt./fries./ndl./engl.* ‣ Kaspar

Jean: *frz.* ‣Johann
Jeanne: Jeanette, Jeanine, *frz.* ‣Johann
Jeffrey | Jeff: *engl.* ‣Geoffrey
Jelena: *russ.* ‣Helena
Jennifer: Jenny (engl.), wird sowohl vom keltischen Guenevere, die weiße Frau, abgeleitet als auch von ‣Genoveva
Jens: *skand./dt.* ‣Johann
Jeremias: Jeremy/Jeremiah (engl.), »den Gott erhöht«, *hebr.*
Jesaja: »Jahwe hat geholfen«, *hebr.*
Jessica | Jessika: *engl.* ‣Jiska
Jessie: *engl.* ‣Johanna, Jessica
Jette: Kurzform von Henriette ‣Heinrich
Jewel: Jawahir (arab. Urform), der Juwel, *engl.*
Jian: der Gesunde, *chin.*
Jim: Kurzform von James ‣Jakob
Jiři: *tschech.* ‣Georg
Jiro: der zweite Mann, *jap.*
Jiska: »Gott schaut«, *hebr.*
Jo: *engl.* ‣Josefine, Johanna
Joachim: Joakim, Jochen, »Jahwe möge aufrichten«, *hebr.*
Joe | Joey: *engl.* ‣Josef, Josefine
Joel: »Jahwe ist Gott«, *hebr.*
Johann | Johannes: der Ausspruch »Yohanan« bedeutet: »Gott ist gnädig«. Dank gleich dreier bedeutender Bibelfiguren und zahlreicher Heiliger erfuhr der Name große Verbreitung in vielen Varianten, *hebr.*
Johanna: Joan/Joanna/Joanne (engl.), Joana (port.), Joanie (engl.), Joni (engl.), Jonna (skand.), die weibliche Form von Johannes wurde erst im 17. und 18. Jahrhundert populär. Berühmt ist die französische Nationalheilige Johanna von Orleans (Jeanne d'Arc) ‣Johann

John: Johnny, *engl.* ‣Johann

Joko: das Kind des Meeres; die im Englischen übliche Schreibweise ist Yoko, *jap.*

Jolanda: die Blume oder das Veilchen, beliebter Name in den Herrscherhäusern des Mittelalters, Herkunft umstritten

Jolie: die Hübsche, gebräuchlich in den Niederlanden und im englischsprachigen Raum, *frz.*

Jona|Jonas: die Taube, *hebr.*

Jonathan: von Gott gegeben, *hebr.*

Joran: eingedeutschte Schreibweise von Göran, *schwed.* ‣Georg

Jordan: der Fluss, in dem Jesus getauft wurde; wie viele alttestamentarische Namen vor allem in den USA verbreitet, *hebr.*

Jörg|Jorge: *niederdt./span.* ‣Georg

Jorid: schön wie ein Pferd, *nord.*

Joscha: *slaw.* ‣Josef

Joschua|Josua: die Urform des Namen Jesus, sie bedeutet »der Retter«, *hebr.*

Josef|Joseph: José (span.), »Gott wird noch einen Sohn schenken«, *hebr.*

Josefine: Josephine, Joseffa ‣Josef

Jost: der Herr, *kelt.*

Jovan: *serb./kroat.* ‣Johann

Joy: die Freude (in Gott), *engl.*

Juan|Juana: *span.* ‣Johann

Judd: *engl.* ‣Jordan

Judith: Judy (engl.), die Judäerin, *hebr.*

Jule: ursprünglich eher in Norddeutschland als eigenständiger Vorname genutzt, heute eine überregional beliebte Kurzform ‣Julia

Jules: englische Kurzform von Julian

Julia|Juliane: Julie (frz./engl./dt.), Juliette (frz.), dank Shakespeare einer der international beliebtesten Mädchennamen. Die bei uns lange in der französischen Form verbreitete Julie wird heute zunehmend deutsch ausgesprochen, *lat.* ‣ Julian

Julian|Julius: römischer Geschlechtername, berühmt durch Kaiser Gaius Julius Cäsar, nach dem der Monat Juli benannt wurde; Julian wird seit einigen Jahren auch im deutschsprachigen Raum oft englisch ausgesprochen, *lat.*

Jun: der Soldat, *chin.*

Jupp: *rhein.* ‣ Josef

Juri: die kleine Lilie, *jap.*

Jussi: *finn.* ‣ Johann

Justin|Justina: die männliche Form wird auch Justyn geschrieben und zunehmend englisch ausgesprochen ‣ Justus

Justus: der Gerechte, *lat.*

Jutta: im Mittelalter entstandene Kurzform ‣ Judith

Kai: Kaj, Kay, Cai, Cay, das Meer, *hawai.*

Kaija | Kaja: *schwed./finn.* ‣Katharina

Kalina: der Schneeballstrauch, *russ.*

Kalinka: gebildet aus Schönheit und Sieg, *russ.*

Kalliope: die schöne Stimme; Muse der Dichtung, *griech.*

Kama: die Liebe, *urdu.*

Kamal | Kemal: der Vollkommene, *arab./türk.*

Kamar | Kamar: der Mond, *arab.*

Kameko: die Schildkröte, *jap.*

Karin: Carina, *ital.* ‣Cara

Karl: Kalle (dt./schwed.), Karel (tschech./ndl.), Karol (poln.), Károly (ung.), weitere Varianten s. Carl. Für diesen Namen gibt es ein Spektrum von Deutungen, das von »Geliebter« und »Ehemann« über »freier Mann« bis zum »Führer einer Heerschar« reicht. Die Assoziationen, die der althochdeutsche Name weckt, sind in jedem Fall mit dem Begriff des Herrschens verknüpft: Seit Karl der Große sich 800 zum Kaiser des Römischen Reiches erklärte, trugen Dynastien von Königen diesen Namen, natürlich in ihrer jeweiligen Landessprache. Zahlreiche Varianten, Kurz- und Koseformen, *germ.*

Karla | Karline: Varianten s. Carla, Charlotte, *germ.* ‣Karl

Karlotta: ‣Karl, Lotte

Kaspar | Caspar: Schatzbewahrer, Schatzmeister, *pers.*

Katharina | Katarina: Kate/Katy (engl.), die Reine, *griech.*

Kathrin | Katrin: Kati ‣Katharina

Käthe: Käte ist eine alte deutsche Kurzform ‣Katharina

Katinka | Katja: russ. Koseform ‣Katharina

Kaya | Kaya: der Fels, *türk.*

Keanu: der Kühle, *hawai.*
Keith: nach einem schottischen Orts- und Familiennamen
Kelly | Kelly: der Krieger, *gäl.*
Kenan: das Paradies, *türk.*
Kendra: Kenia, Kenja, Kenya, *engl.* ‣ Kenneth
Kenneth: Ken, Kenny, zu diesem Namen gibt es ganz verschiedene Deutungen, wie »aus dem Feuer geboren« oder »Schwur«; außerdem wird er wie Kevin vom gälischen Wort für hübsch abgeleitet, *engl.*
Kerim | Kerime: der/die Großzügige, *türk.*
Kerry: nach einer irischen Grafschaft
Kersen: der Kirschbaum, *korean.*
Kerstin: *schwed.* ‣ Christian
Kevin: der Wohlgestaltete; im deutschsprachigen Raum dank prominenter Sportler, Schauspieler und dem Film »Kevin – Allein zu Haus« populär geworden, *gäl.*
Kezia | Keziah: eine Heil- und Gewürzpflanze, *hebr.*
Khadija: das frühzeitig geborene Kind, *arab.*
Khalil: Gottes Freund, *arab.*
Kian | Kila: der Gebieter, *arab./türk.*
Kiley: der Bumerang, *austral.*
Kilian: der Kirchenherr; Schutzpatron der Stadt Würzburg, *gäl.*
Kim | Kim: Kurzform von Joachim und Kimberley; im Koreanischen bedeutet Kim »Gold«
Kimama: der Schmetterling, *indian.*
Kimberley: Kim, *engl.*
Kinga: ungarische Form von Kunigunde, *ung.*
Kirsti | Kirstin: *norw./schwed.* ‣ Christian
Kitty: Koseform von Katherine, *engl.*

Gemeinsam sind wir stark

Namen mit sozialer Kompetenz

Viele unserer Namen gehen auf Eigenschaften zurück, die wertvoll für die Gemeinschaft sind: Weisheit, Umsicht, Güte, Freundschaft, Großzügigkeit, Führungsstärke – Namen wie *Clemens*, der Sanfte, oder *Ruth*, die Freundin, wecken wohlige Gefühle. Für Gänsehaut sorgen dagegen die Namen, die aus dem großen Themenkreis Kampf und Krieg stammen. Als sie entstanden, störte sich jedoch niemand daran, dass *Herbert* ein »in der Schlacht Glänzender« war und *Siegfried* weniger mit Sieg und Frieden als mit Sieg und Wehrhaftigkeit – man denke an die »Umfriedung« – zu tun hatte oder dass der als barmherziger Wohltäter berühmt gewordene *Martin* nach dem römischen Kriegsgott Mars benannt ist. Im Gegenteil: Stärke und Kampfkunst standen für das Überleben einer Gemeinschaft und ihr Wohlergehen, Helden wurden gefeiert und besungen. So gibt es wohl kein Volk ohne diese testosterongeladenen Namen – Gott sei Dank aber auch keines ohne Namen, die Frieden verheißen.

Justina • Salomon • Serena
Friederike • Luis • Mira • Salome
Justin • Sara • Otto • Clemens
Hassan • Amelie • Jason • Roberta
Alexander • Ruth • Levin
Sophie • Malte

Kläre: ‣Clara
Klaas: ndl. ‣Nikolaus
Klaus: ‣Nikolaus
Kleo | Kleopatra: der Ruhm des Vaters, *griech.*
Knut | Knud: der Knoten, Sinnbild für einen kräftigen Mann, *nord.*
Kolja: *russ.* ‣Nikolaus
Konrad: Konni, gebildet aus kühn und Rat, *germ.*
Konstantin | Constantin: der Beständige, *lat.*
Konstanze | Constanze: Conny, Connie ‣Konstantin
Kora: das Mädchen, die Tochter, Jungfrau, *griech.*
Korbinian, Corbinian: Rabe, *lat.*
Kornelia | Kornelius: ‣Cornelia
Kreszentia | Kreszenz: ‣Crescentia
Krimhild: Krimhilde, Krimhild, Kriemhilde, zusammengesetzt aus Maske und Helm, Kampf, *ahdt.*
Krischan: ‣Christian
Krischna | Krishna: der Schwarze, Dunkelblaue; die hinduistische Gottheit wird deshalb meist mit blauem Gesicht dargestellt, *ind.*
Kristian | Krister: *skand.* ‣Christian
Kristiana | Kristina: *skand.* ‣Christian
Kuno | Kunz: ‣Konrad
Kurt: ‣Konrad
Kylie: Kyle, ursprünglich ein schottischer Familienname, *austral.*
Kyra | Kira: (russ.), die aus Kyrenaika Stammende, auch als Ableitung von »Cyrus«, einem persischen Herrschernamen, verstanden, *griech.*

Laban: weiß, hell, *hebr.*

Ladislaus: Ruhm und Ehre, *slaw.*

Laetitia | Lätizia: die Freude, *lat.*

Laia: Kurzform von Eulalia, die Wortgewandte, *griech.*

Laila: Layla, Leila, Lejla, Leyla, die Nacht, der Abend, *arab./türk.*

Lakschmi: Hindu-Gott des Glücks, *ind.*

Lale: die Tulpe, *türk.*

Lara: ‣Larissa, Laura

Larissa: die Möwe, *griech.*

Larry: Kurzform von Lawrence, *engl.* ‣Laurenz

Lars | Lasse: *schwed.* ‣Laurenz

Latif | Latifa: der/die Freundliche, *arab.*

Laura | Laurentia: Laurel/Lauren (engl.) ‣Laurenz

Laurenz | Laurin: Lawrence (engl.), Laurent (frz.), von Laurentius, der Lorbeerbekränzte, *lat.*

Lavinia: die Frau des trojanischen Helden Äneas, *griech.*

Lea | Leah: die Wildkuh, *hebr.*

Leander | Leandro: der Löwenmann, *griech.*

Leda: eine Geliebte des Zeus, *griech.*

Leif: das Erbe, *nord.*

Leilani: die himmlische, königliche Blume, *hawai.*

Lelia: vom römischen Geschlechternamen Lelius, *lat.*

Lena | Lene | Leni: ‣Magdalena, Helena

Lennard(t): *skand.* ‣Leonhard

Lennox: schottischer Familienname, in Deutschland erst seit Kurzem gebräuchlich, *schott.*

Lenz: ‣Lorenz

Leo: ‣Leonhard, Leopold

Leon: Léonce (frz.), Lev/Lew/Lyov (russ.), Lion/Lyon/Lyonnel (engl.), der Löwe, *lat.*

Leonhard: Leonard, Leonhardt, Leonardo (ital.), stark wie ein Löwe, *lat./ahd.*

Leoni | Leonie: Léonie (frz.), Leona (engl.) ‣Leon

Leonid: der Sohn des Löwen, *russ./griech.*

Leonore: ‣Eleonora

Leopold | Luitpold: Léopold (frz.), Leopoldo (ital./span.), »der Kühne aus dem Volk«, *ahd.*

Leora | Lior: das strahlende Licht, die weibliche Form gibt es auch als Liora, *hebr.*

Leroy | Leroi: von »le roi«, der König, *frz.*

Leslie: nach einem schottischen Orts- und Familiennamen, *engl.*

Levi: der Gott Verehrende, *hebr.*

Levin | Lewin: der liebe Freund, *niederdt.*

Lewis: *engl.* ‣Ludwig

Li: der Pflaumenbaum, *chin.*

Lia | Liah | Lya: Kurzformen von Namen wie Cornelia

Liam: *ir.* ‣Wilhelm

Lian: der anmutige Weidenbaum, *chin.*

Libby: engl. ‣Elisabeth

Liese | Liesel: ‣Elisabeth

Lilac: der Flieder, *engl.*

Lilian | Lillian: *engl.* ‣Elisabeth

Lilith: der Wind, *hebr.*

Lilli: Lili, Lilia, Lilla, Lilie, Lily, Lilian/Lillian (engl.), Lilja (schwed.), die Lilie, *lat.*, auch Kurzform von Elisabeth

Liluye: das singende Falkenjunge, *indian.*

Lina: Kurzform aller Namen mit der Endung -lina wie bei Karolina

Linda: die Hübsche, *span.*

Lindiwe: die Erwartete, *zulu*

Linka: Kurzform von Karolinka, *poln.* ‣ Karl
Linn: ‣ Lynn
Linnéa | Linnea: das Moosglöckchen, benannt nach dem Botaniker Carl von Linné, *schwed.*
Linus | Lino: nach Línos, dem Musiklehrer des Herakles und Sohn des Apollon, *griech.*
Lioba: vom althochdeutschen »liob«, lieb, *ahd.*
Lion | Lionel: *engl./jidd.* ‣ Leon
Lisa: Lis, Lise, Liese, Lis (skand.), Lise/Lisette (frz.), ‣ Elisabeth
Lisbeth: ‣ Elisabeth
Liv: der Schild, auch als Leben verstanden, *nord.*
Livia | Livius: nach einem römischen Geschlechternamen, *lat.*
Lola | Lolita: Kurzform von Carola, *span.* ‣ Karl
Lope: der Wolf, *span.*
Lora: Lore, Lorena (ital.), Lorna (engl.) ‣ Laurenz
Lorenz | Lorenzo: *dt./ital.* ‣ Laurenz
Lothar: *dt./ital.* ‣ Laurenz
Lotta | Lotte | Lotti: Kurzformen von Charlotte ‣ Karl
Lou: *engl.* ‣ Ludwig
Louane | Luana: die Glückliche, Zufriedene, *hawai./engl.*
Louis | Louise: *frz./engl.* ‣ Ludwig
Luba: die Freude, *kelt.*
Luca | Lucas: vom römischen Geschlechternamen Lucillus, leuchtend, bei Tagesanbruch geboren; Luca ist die italienische, Lucas und Lukas die deutsche Variante, *lat.* ‣ Lukas
Lucia: Luzia, Luzie, Lucy (engl.) ‣ Luca
Lucky: der Glückliche, *engl.*
Ludwig: Ludovico (ital.), der berühmte Kämpfer, *germ.*
Luigi: *ital.* ‣ Ludwig

Gesundheit, Glück und langes Leben

Namen, die Segen bringen

Vitali soll ein gesundes Leben, *Selda* ein gnädiges Schicksal, *Schirin* Liebreiz und *Ephraim* sollen Nachkommen gegeben sein. Segensnamen begleiten ihre Träger wie ein Schutzmantel aus guten Wünschen durchs Leben.

Bei manchen Völkern wird bei der Benennung oder Anrufung des Glücks jedoch Zurückhaltung geübt: Man will die Götter nicht neidisch machen, das Unglück nicht herbeirufen. In Japan gibt man deshalb gerne verschleierte Glückssymbole als Namen. *Yaki* zum Beispiel heißt 8000 – wenn das Schicksal es gut meint, wissen die bösen Geister nicht, dass dies eine Glückszahl ist. In Afrika ruft man Kinder manchmal sogar mit Flüchen oder abfälligen Bezeichnungen wie »zum Wegwerfen«. Dieses Kind, so will man vortäuschen, ist es doch gar nicht wert, von einem Dämon geholt zu werden. Erst wenn das Kind größer und weniger gefährdet ist, wird sein tatsächlicher Name benutzt oder sogar erst ausgesucht. In vielen Kulturen ist es nicht unüblich, zunächst Kindernamen zu verwenden und den eigentlichen Namen erst dann zu wählen, wenn man das Kind und seine Eigenheiten gut genug kennt. Mit falschem Namen wäre es auf Dauer nicht glücklich.

Valentin • Salima • Felix
Zoë • Alma • Bonifazius • Joy
Beatrice • Said • Farah • Benedikt
Luana • Masud • Hanna
Noam • Elena • Linda • Mai
Fee • Benjamin

Luis: *span.* ‣ Ludwig
Luisa | Luise: im letzten Jahrhundert gerne als Teil von Doppelnamen wie Marie-Luise und Luise-Lotte benutzt; heute wieder allein sehr populär ‣ Ludwig
Lukas: Luka (russ.), Luke (engl.) ‣ Luca
Lulani: der höchste Punkt am Himmel, *hawai.*
Luljeta: die Blume des Lebens, *alban.*
Lulu: die Perle, *swa.*, Koseform von Namen wie Luise
Luna: der Mond, *lat.*
Lutz: Kurzform aus dem Hochmittelalter ‣ Ludwig
Lydia: die aus Lydien Stammende, *griech.*
Lykke: die Glückliche, *nord.*
Lynn | Lynne: die vom kleinen Wasserfall, *gäl.*
Lysander: der Befreier, *lat.*
Liz: Liza, Lizbeth, Lizzy, *engl.* ‣ Elisabeth

Mabel: Kurzform von Amabel, die Liebenswerte, *lat./engl.*
Madeleine: *frz.*, Madeline (engl.), Madelon (frz.), ‣Magdalena
Madita: *skand.* ‣Margarete
Mafalda: *ital./port.* ‣Mathilde
Magdalena: Magda, Maddalena (ital.), Madelone (frz.), Madlenka (slaw.), die aus Magdala Stammende, *hebr.*
Magnolia: Manolya (türk.), die Magnolie, benannt nach dem Botaniker Pierre Magnol, *frz.*
Magnus: der Große, *lat.*
Maha: die Wildkuh, *arab.*
Mahmud | Mahmut: der Gepriesene, Lobenswerte, *arab./türk.*
Maike | Meike: *fries.* ‣Maria
Maite: die Geliebte, *bask.*
Maja: die römische Göttin des Wachstums, außerdem eine Kurzform von Maria sowie eine der Plejaden, *röm./griech.*
Malcolm: der Diener, Schüler, *engl.*
Maleika: der Engel, *swa.*
Malik | Melek: der Diener Gottes/des Königs, *arab./türk.*
Malika: Malka (tschech.), *ung.* ‣Amalia
Malin: *skand.* ‣Magdalena
Malina: auch Langform von Malin, *slaw.* ‣Magdalena
Malkah: die kleine Königin, *hebr.*
Malou | Malu: Zusammensetzung von Maria und Luise
Malte: der Herrscher, *niederdt.*
Malva | Malve: Mauve (frz.), die Malve, *lat.*
Mandana: der schwarze Bernstein, *pers.*
Manfred: der Schützende, der Friedensmann, *germ.*
Mani: das Kleinod, Juwel, *ind.*

Manja: *slaw.* ‣Maria
Manon: *frz.* ‣Maria
Manuel | Manuela: ‣Immanuel
Mara: die Bittere, *hebr.*
Marcella: ‣Marcus
Marcus | Markus: Marc/Mark (engl.), Marcel (frz.), Marcello/Marco (ital.), Marek (slaw.), der im März, dem Monat des Kriegsgottes Mars, Geborene, aber auch der dem Mars Geweihte, *lat.*
Mareike: Maraike, Mareile, Marike, *niederdt.* ‣Maria
Maren: Marene, Mareen, Marena (dän.) ‣Marina
Margard: gebildet aus bekannt/berühmt und Zaun/Garten, *althdt.*
Margarete: Margareta, Margaret, Margarethe/Margit/Marit (skand.), Margot/Marguerite (frz.), Margrit, die Perle; Margerite, das große Gänseblümchen, erhielt seinen Namen wegen der einem Perlenkranz gleichenden Blütenblätter, *griech.*
Maria | Marie: Marei, Mari, Mara (bulg./maked./serb./kroat.), Mareka (niederdt./fries.), Mariella/Marietta (ital.), Marika (finn./slaw.), Marilyn (engl.), Mariola (slaw.), Marion (frz.), Marita (span.), Mary (engl.), Marya (russ.); die hebräisch-aramäische Urform ist Mirjam, Maria stammt aus den griechischen und lateinischen Bibelfassungen. Die Deutungen sind vage: »Gottesgeschenk«, »die Fruchtbare«, »die Herrin«, auch »Tropfen im Meer« werden genannt. Die von modischen Einflüssen fast nicht berührte Beliebtheit und große Verbreitung geht auf die in der katholischen Kirche ungeheuer starke Verehrung der Maria zurück, um deren Tugenden, allen voran die Keuschheit, sich der Marienkult rankt. Als Teil eines Doppelnamens ist Maria auch als Männername üblich, z. B. Karl Maria. Bei Frauen findet man viele

Namensverknüpfungen wie Rosmarie oder Marianne. Maria weist vor allen Dingen in der Koseform unzählige Varianten auf, *hebr./griech./lat.*

Mariam | Marjam: Zwischenform von Maria und Mirjam, *griech./hebr.*

Marian: zusammengesetzt aus den englischen Namen Mary und Ann, *engl.*

Marianne: Mariana, Marianka (poln.), die Schreibweise Mariane wird auch auf einen römischen Geschlechternamen zurückgeführt, *lat.* ‣ Maria, Anne

Maribel: *span.* ‣ Maria, Isabella

Marietta: *ital.* ‣ Maria

Marina: die aus dem Meer Kommende; wird auch auf den römischen Geschlechternamen »Marius« zurückgeführt, *lat./ital.*

Marius | Marian: Mario (ital.), römischer Geschlechtername, wird auch als männliche Fassung von Maria verstanden, *lat.*

Marlen: Marla, Marleen, Marlene ‣ Maria, Magdalena

Marlon: *angloamer.* ‣ Marcus

Martha | Marta: die Herrin, *hebr.*

Martin | Martina: vom römischen Kriegsgott Mars abgeleitet; als Wohltäter war Martin von Tours einer der beliebtesten Heiligen, dem zu Ehren es in vielen Regionen an Martini, am 11. November, Martinsgänse und Martinsumzüge gibt, *lat.*

Marvin | Marvyn: nach einem englischen Familiennamen, *engl.*

Marvyn: *skand.* ‣ Matthias

Mascha: *russ.* ‣ Maria

Massimo: *ital.* ‣ Maximilian

Masud: der Glückliche, *arab.*

Matea | Mattea: *skand.* ‣ Matthias

Mateo | Matteo: *ital.* ‣Matthias
Mathilda: Mathilde, Matilda, Matilde, Mechthild, *germ.*
Mats | Mattes | Matthes: ‣Matthias
Matthäus: Mathieu (frz.), Matthew (engl.), *hebr./lat.* ‣Matthias
Matthias | Mathias: das Geschenk Gottes, *hebr./griech.*
Matti | Mattis: *finn./skand.* ‣Matthias
Matu: die Wolken, *kenian.*
Maud | Maude: *engl.* ‣Mathilda
Maurice: Mauricio (span.), *frz.* ‣Moritz
Max: ‣Maximilian
Maximilian: Maxi, Maxime (frz.), Maxim (russ.), der Größte, *lat.*
Maximiliane: Maxi ‣Maximilian
May: Kurzform von Mary und Margaret, wird auch als der Monatsname Mai verstanden, *engl.*
Maya: eine Hindugöttin, *ind.*
Mechthild: zusammengesetzt aus Macht und Kampf; dieser aus dem Germanischen stammende Name war im Mittelalter sehr beliebt
Medea: die Bedachte, *griech.*
Meggy: *engl.* ‣Margarete
Mehmed | Mehmet: *türk.* ‣Mohammed
Mei: die Schöne, *chin.*
Melanie: Mel, Melly (engl.), die Schwarze, *griech.*
Melchior: »Jahwe ist Licht«, *hebr.*
Melina: ‣Amalia
Melinda: ‣Melanie, Melissa
Melissa: Melisa, Melitta, die Biene, *griech.*
Mélodie | Melody: die Weise, *frz./engl.*
Melusine: die Meerfrau, *frz.*

Melvin: Melvyn, nach einem schottischen Familiennamen, dem ein französischer Ortsname zugrunde liegt, *engl.*

Meral: die Damhirschkuh, *türk.*

Mercedes: »Maria von der Gnade«, *span.*

Meret | Merit: *schwed.* ‣ Margarete

Merle | Merula: die Amsel, *lat.*

Merlin: der Zwergfalke, berühmt als Zauberer aus der Artus-Sage, *engl.*

Merry: lustig, fröhlich, *engl.*

Mert: der (vertrauenswürdige) Mann, *türk.*

Merten | Marten: *niederdt.* ‣ Martin

Meryem: *türk.* ‣ Maria

Meta: ‣ Margarete oder Mathilda

Metta | Mette: *niederdt./schwed.* ‣ Mechthild

Mia: *skand.* ‣ Maria

Michael: Michel (dt. Kurzform/frz.), »Wer ist wie Gott?«, einer der Erzengel, *hebr.*

Michaela: Micaela (ital./span.), Michalina (poln.), Michelle (frz.) ‣ Michael

Mieke: *ndl.* ‣ Maria

Mignon: die Niedliche, *frz.*

Miguel: *span.* ‣ Michael

Mika | Mika: *skand.* ‣ Michael

Mike: Mike/Mikey (engl.), Mikko (finn.), *skand.* ‣ Michael

Miklas: *poln./tschech.* ‣ Nikolaus

Milana: Mila, Milda, Milena ‣ Milan

Milan: der Liebe, *slaw.*

Miles | Myles: lieb, *engl.*

Millie | Milli: Kurzformen von Namen wie Melanie, Milena oder Camilla

Voll Dankbarkeit zeigen wir an ...

Namen der Liebe

Früher, so behauptet mancher Sozialhistoriker, war die Bindung von Eltern zu ihren Kindern lange nicht so emotional wie heute. Ein Kind mit aller Innigkeit und Fürsorge zu lieben wäre mit dem harten Alltag nicht zu vereinen gewesen. Kinderreichtum und Kindersterblichkeit waren einfach zu hoch. Die zahlreichen frühen Todesfälle wären zu schmerzhaft gewesen, hätte man eine enge Bindung zu den Kleinen aufgebaut. Dieser These wird aber immer wieder widersprochen. Elternliebe gab und gibt es unter allen Lebensbedingungen, und Kinder wurden als großes, als göttliches Geschenk empfunden. Namen stützen diese Theorie: Ob in China oder der Arktis, Hawaii oder der Sahara – Namen, die Liebe und tiefste Dankbarkeit für das geschenkte Kind ausdrücken, gab und gibt es zu allen Zeiten.

Doron • Luba • Habib • Piranka • Abebi
Matteo • Aimée • Cara • Joe
Philine • Eros • Sipho • Desirée
Nathan • Milan • Pepita
Theo • Lindiwe • Donat • Hanane

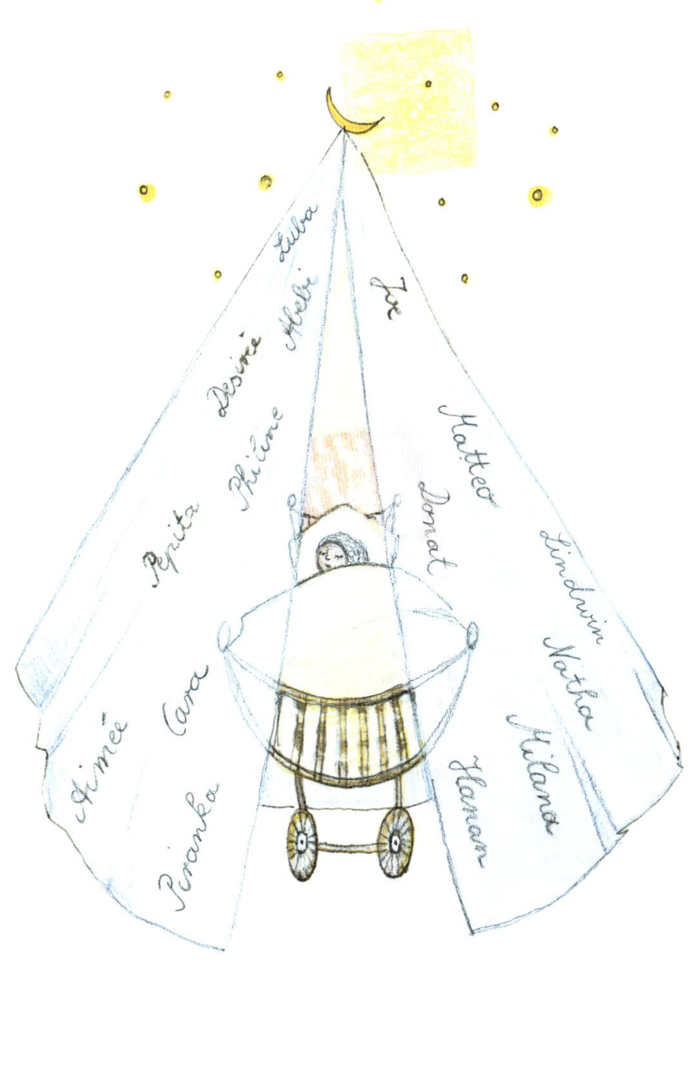

Désirée
Abebi
Zoe
Pepita
Philine
Matteo
Donat
Lindwin
Cara
Natha
Aimée
Milana
Hanan
Piranka

Miloslaw: Milo, lieb und gerühmt, *slaw.*
Milva: der Falke, *lat.*
Mimi: ‣Maria
Mina: wird sowohl mit Wunsch, Gänsefingerkraut als auch mit Blau (Lapislazuli) übersetzt, *arab./pers.*
Minna | Minne: die von den Minnesängern gepriesene ideale Liebe; auch Kurzform von Wilhelmine, *mhd.*
Minonan: der milde Wind, *gäl.*
Minzi | Mitzi: *süddt.* ‣Maria
Mio: der schöne Kirschbaum, *jap.*
Mio: der Liebe, Angenehme, *kroat./serb.*
Mira: gebildet aus Frieden und Ruhm, *slaw.*
Miriam | Mirjam: Urform von Maria, *hebr.*
Mirko | Miroslaw: gebildet aus Frieden und Ruhm, *slaw.*
Mischa | Mischka: *russ.* ‣Michael
Moana: der Ozean, *hawai.*
Mohammed: Mohamed, Muhamed, der Preisende; Begründer des Islam, *arab.*
Molly: *engl.* ‣Maria
Mona: die Edle, *gäl.*
Monifa: bedeutet in der Yoruba-Sprache: »Ich habe mein Glück«
Monika: Mona, Moni, Monique (frz.), Herkunft und Bedeutung unklar
Monja: *russ.* ‣Maria
Montserrat: spanischer Wallfahrtsort, als Pilgerstätte der Mutter Gottes ein Platzhaltername für Maria
Moritz: der aus Mauretanien stammende, der Dunkelhäutige, *lat.*
Morna: *engl.* ‣Myrna
Moses: Mose/Moss (engl.), Musa (arab.), Mosche (jidd.),

»Ich habe ihn aus dem Wasser gezogen«; der biblische Prophet, der das israelitische Volk aus ägyptischer Fronherrschaft befreite, *hebr.*

Muhannad: das Schwert, *arab.*

Murad | Murat: der Erwünschte, *arab./türk.*

Muriel: der See, glänzend, *engl./kelt.*

Mustafa: der Erwählte, *arab.*

Myriam: ▸Miriam

Myrna: die Liebenswürdige, *gäl.*

Reisende durch Zeit und Welt

Namen, die gleich und doch nicht gleich sind

Namen lieben es, zu wandern: Gemeinsam mit ihren Trägern reisen sie um die Welt, auch als Andenken werden sie gern mitgenommen. Gibt es große konfessionelle, politische oder kulturelle Veränderungen, kann eine Namenskultur sich rasch und heftig ändern. In Europa sorgten Christianisierung sowie das grenzüberschreitende Heiratswesen des Hochadels für die starke Ausbreitung der mit Religion und Königshaus verbundenen Namen. Je beliebter, beeindruckender und mächtiger ein Namenspatron war, wie z.B. der heilige Franziskus, der Apostel Johannes oder eine Königin wie Elisabeth I., desto mehr internationale Varianten seines Namens entstanden, die dem Sprachklang des jeweiligen Landes angepasst waren. Das harte K vom *Karl* ist beim französischen *Charles* ein weiches »Sch«, unsere *Johanna* im Portugiesischen eine mit weichem »Dsch« gesprochene *Joana*. Allerorts entstanden dann noch Kose- und Kurzformen: *Ännchen* heißt im Niederländischen *Antje*, auf Russisch *Anja* und in Friesland *Anke*. Bei uns sind dies eigenständige Namen, auch wenn die gemeinsame Wurzel sich leicht erraten lässt. Bei starken Lautverschiebungen und unbekannten Verkleinerungsformen wird das schwieriger. Kennen Sie die Wurzeln dieser Namen?

1 Leopold • 2 Hinz
3 Siobhan • 4 Judd
5 Maria • 6 Mieke
7 Sascha • 8 Ilona
9 Dick • 10 Jelisaweta
11 Pirkka • 12 Alufledi
13 Jennifer • 14 Jiři
15 Sonja • 16 Mehmet
17 Pepita • 18 Silke
19 Res • 20 Salma

1 Luitpold (ahd.), 2 Heinrich (alte dt. Kurzform), 3 Johanna (gäl.), 4 Jordan (engl. Kurzform), 5 Mirjam (lat./griech.), 6 Maria (ndl. Koseform), 7 Alexander (russ. Koseform), 8 Helena (ung.), 9 Richard (engl. Kurzform), 10 Elisabeth (russ.), 11 Peter (finn.), 12 Alfred (zulu), 13 Genoveva (engl.), 14 Georg (tschech.), 15 Sophia (russ. Koseform), 16 Mohamed (türk.), 17 Josefa (span. Koseform), 18 Cecilie (fries.), 19 Andreas (schweiz.), 20 Salome (arab.)

Nabila(e) | Nabil: edel, liebenswert, *arab./türk.*

Nadira(e) | Nadir: Nadir, kostbar, *arab./türk.*

Nadja: Nadine (frz.), Kurzform des in Russland sehr verbreiteten Namens Nadjeschda, die Hoffnung; im Persischen bedeutet Nadja Morgentau, *russ./pers.*

Naja: die kleine Schwester, *inuit.*

Nana: auf Swahili die Dame, im Deutschen Koseform von Namen wie Christiane, *swa.*

Nancy | Nanon: *engl./frz.* ‣ Anna

Nanda | Nando: *ital.* ‣ Ferdinand

Nane: Nanna, Nanne, Nanni, Nannina, Nanny, Lallform verschiedener Vornamen wie Christiane

Naoki: der aufrechte Baum, *jap.*

Naomi: die wahrhaft Schöne, *jap.*

Nascha: die Eule, *indian.*

Naschita: die Fleißige, *arab.*

Nasir | Nassir: der Triumph, der Siegbringende, *türk./arab.*

Nasrin: die Wildrose, *pers.*

Nassim | Nassima: der Lebenshauch, *arab.*

Natalie | Natalia: Natascha (russ.), die am Tag von Jesu Geburt Geborene, *lat.*

Nathanel | Nathaniel: Das Gottesgeschenk, *hebr.*

Nathan | Natan: Nat (engl.) ‣ Jonathan

Navina: die Neue, *ind.*

Neil | Neal: die Wolke/Kampf (Bedeutung umstritten), *gäl.*

Neka: die Wildgans, *indian.*

Nele: Neele, Nela ‣ Cornelia

Nelli | Nelly: ‣ Cornelia, Helena

Nelson: Familienname (»Sohn des Nel«), ursprünglich populär durch Admiral Lord Nelson, heute vor allem durch den südafrikanischen Präsidenten und Freiheitskämpfer Nelson Mandela, *engl.*
Nena: ‣Christian, Magdalena
Nepomuk: Beiname des heiligen Johannes Nepomuk, der auf seinen böhmischen Heimatort Pomuk zurückgeht, *slaw.*
Nesrin: die wilde Rose, *türk.*
Nestor: Held aus der grieschichen Mythologie, der durch seine Klugheit besticht
Neta: ‣Agnes
Niclas | Niklaus ‣Nikolaus
Nico | Niko | Nico | Niko: ‣Nikolaus, Dominik
Nicole | Nikola: Nicola, Nikola, Nicki, Nicky, Nicoline/Nicolette (frz.) ‣Nikolaus
Nike: griechische Siegesgöttin, *griech.*
Niklas: ‣Nikolaus
Nikolai | Nikolaj: *russ.* ‣Nikolaus
Nikolaus: Nikolas, Nicola (ital.), Nicolas (frz.), der Sieg des Volkes, *griech.*
Nils | Niels: *skand.* ‣Nikolaus
Nina: Kurzform von Namen wie Christiane, *russ.*
Nino: *ital.* ‣Johann
Noa: Noe (engl.), Noé (frz.), »Beruhige dich, Gott!«, *hebr.*
Noah | Noa: *hebr.* ‣Noa
Noam: *hebr.* ‣Noemi
Noel | Noëlle: der/die zu Weihnachten Geborene, *engl./frz.*
Noemi: die Freude, *hebr.*
Nona: die Neunte, *lat.*
Nora: ‣Eleonora, Nur
Norbert: der glanzvolle Nordmann, *germ.*

Noriko: Kind des Gesetzes, *jap.*
Norman | Normann: der aus dem Norden Stammende, *germ.*
Nova: die Neue, *engl./lat.*
Nur | Nuri: das Licht, *arab.*
Nurgül: die leuchtende Rose, *türk.*
Nurit: die Butterblume, der Hahnenfuß, *hebr.*

Oceana: Göttin des Weltmeers, *griech.*

Oda: Odette (frz.), Odina/Odilia (ital.) ‣Otto

Oktavian: der Achtgeborene, *lat.*

Olaf: der Nachkomme, Urahn, *nord.*

Ole|Ola: *schwed.* ‣Olaf

Oleg: *russ.* ‣Helga

Olga: *russ.* ‣Helga

Oliver|Olivia: der Olivenbaum/-zweig, Symbol der Hoffnung und des Friedens; wird auch abgeleitet von Olivier (frz.), dem Olivengärtner, *lat.*

Onur: der Ehrbare, *türk.*

Oona|Oonagh: *gäl.* ‣Una

Opal: der Opal, *ind./engl.*

Ophelia: die Hilfe, tragische Heldin bei Shakespeare, *griech.*

Orhan: der Stadtherr, *türk.*, beliebter Herrschername im Osmanischen Reich

Oriana|Oriane: *span.* ‣Aurel

Orlanda|Orlando: *ital.* ‣Roland

Orson: der kleine Bär, *norm.* ‣Urs

Oskar|Oscar: der Speer Gottes, *nord.*

Osman: die Trappe, eine auch als Wappentier beliebte Kranichart, *türk.*

Otfried|Ottfried: gebildet aus Besitz und Friede, *germ.*

Otmar|Ottmar: gebildet aus Besitz und Ruhm, *germ.*

Ottilie: *frz.* ‣Otto

Otto: der Besitzende, *germ.*

Oxana: *slaw.* ‣Xenia

Schnee von gestern, Stars von morgen

Namen, die wir einst liebten und wieder lieben werden

Jede Zeit hat ihre Modenamen. Während die der Eltern ersteinmal »uncool« sind und mindestens eine Generation aussetzen müssen, haben die der Groß- und Urgroßeltern oft Vintage-Charme. Ihre Welt ist exotischer als die der Eltern, die Liebe zu ihnen von Alltagskonflikten meist ungetrübt. Der Zeitgeist ist bei Namen immer spürbar: In der Romantik führte die Idealisierung des Mittelalters zu einer Renaissance von Namen wie *Madelone* oder *Anselm,* und Theodor Storm amüsierte sich über die französischen Modenamen seiner Zeitgenossen. Heute verbreiten Songs, Soaps und Stars aus den USA nicht nur Namen wie *Judd* und *Emily*, sondern lassen uns auch *Julian* oder *August* englisch aussprechen. In den fünfziger Jahren liebte man Doppelnamen, wobei der erste Namensteil bei Jungen fast immer einsilbig war. *Hans-Joachim*, *Sven-Ole* und *Heinz-Günther* kamen sozusagen mit Auftakt daher, bei den Mädchen setzte man gerne zwei zweisilbige Namen zusammen: *Annemarie*, *Lieselotte*, *Hannelore*. In den sechziger Jahren führten *Sabine*, *Susanne* und *Stefanie* jahrelang die Hitlisten an, eine Generation später bricht mit *Leonie* und *Leon*, *Lisa* und *Lena*, *Lea*, *Laura*, *Lukas* und *Luca* das Zeitalter der »Generation L« an. Der aktuelle Trend zu zwei- oder sogar einsilbigen Namen wie *Mia*, *Nele*, *Ben* und *Tim* spiegelt wahrscheinlich die modernen Kommunikationsformen: Kurznachrichten brauchen kurze Namen.

Anna • Ben • Gertrud • Lukas
Sarah • Tim • Erna • Paul • Johanna
Alexander • Mia • Günther • Sophie
Maximilian • Nicole • Noah • Ida
Philip • Anja • Anton

Paco: der Falke, *indian.*, außerdem spanische Kurzform von Franziskus

Padma: die Glückliche, *ind.*

Paloma: die Taube, Friedenstaube, *lat.*

Pamela | Pam: Figur aus dem Roman »Arcadia«, *engl.* (16. Jhd.)

Paolo | Paulo: *span./ital.* ‣ Paul

Paris | Paris: der Entführer der schönen Helena; in den USA auch als Mädchenname, nach der französischen Hauptstadt, verbreitet, *griech.*

Parvin: der Stern, *pers.*

Pascal: Pascual (span.), Paskal (tschech.), Pasquale (ital.), zu Ostern geboren, *lat./frz.*

Pascale: ‣ Pascal

Patricia: Pat/Patty (engl.) ‣ Patrick

Patrick: Patrice (frz.), Patricio (ital.), Patrizio (span./port.), eine edle oder dem Senat angehörende Person vom römischen Geschlechternamen Patricius, in dem das Wort »pater«, der Vater, steckt, *lat.*

Paul | Paula: der/die Kleine, Name des vom heidnischen Saulus zum Paulus gewandelten Apostels, *lat.*

Pauline | Paulette: *frz.* ‣ Paul

Paz: der Frieden, *span.*

Peggy: *engl.* ‣ Peter

Pepe | Pepita: *span.* ‣ Josef

Percy: nach einem englischen Familiennamen, *engl.*

Perla: die Perle, *ital./span*

Peter: Pedro (span.), Peer/Per (skand.), Pete (engl.), der Fels, Sinnbild für Standhaftigkeit; Jesus gab dem Apostel Simon diesen neuen Namen, um seine Rolle als Fundament der christlichen Kirche darzustellen. Beliebter Name vieler

Kirchenväter, einer der beliebtesten christlichen Namen schlechthin, *griech./lat.*

Petra: ‣ Peter

Petunia: die Petunie, *indian./port.*

Philine | Philomena: die Liebenswerte, *griech.*

Philipp: Philip, Phillip, Phil (engl.), der Pferdefreund, *griech.*

Philomela: das Lied, die Freundin, *griech.*

Phöbe | Phoebe: leuchtend, rein, *griech.*

Phyllis: das frischgrüne Blatt, *griech.*

Pia | Pius: der/die Fromme, *lat.*

Piedad: die Frömmigkeit, *span.*

Pierre: Piero/Pietro (ital.), Piet (ndl.), Piotr (russ.), *frz.* ‣ Peter

Pim: *fries./ndl.* ‣ Wilhelm

Pina: Pippa, *ital.*, Kurzform von Namen wie Philippa

Ping: der Gerechte, *chin.*

Pit: *fries./ndl.* ‣ Peter

Polli | Polly: von Molly ‣ Maria oder Pauline ‣ Paul

Poppy: der Mohn, *engl.*

Primus: der Erstgeborene, *lat.*

Prisca: Priscilla, Priska, alt, ehrwürdig, *lat.*

Quentin: *engl.* ‣Quintus

Quiana: die Anmutige, *indian.*

Quincy: englischer Familienname nach der französischen Ortschaft Cuinchy, *engl.*

Quirin: römische Gottheit, *lat.*

Quintus | Quint: der Fünftgeborene, *lat.*

Raban: der Rabe, *ahd.*

Rabea: der Frühling, *arab.*

Rachel | Rahel: Rae/Raye (engl.), Raja (russ.), Rajka (ung./russ.), Raquel (span.), das Lamm, auch das Mutterschaf, *hebr.*

Radolf | Radulf: gebildet aus Rat und Wolf, *ahd.*

Rafik | Refik: der Begleiter des Islams, *arab./türk.*

Raimund | Raymond: Rat (der Götter), Schicksal, *germ.*

Rainer | Reiner: von Reinhard, Rat und Stärke, *germ.*

Raisa: leicht, mühelos, *russ.*

Ralf | Ralph: von Radolf, Rat und Wolf, *germ.*

Rami | Ramón: der Schütze, *arab.*

Ramona: *span.* ‣ Raimund

Raoul: *frz.*, Raul (span.) ‣ Radolf

Raphael | Raphaela: »Gott heilt«, einer der Erzengel, *hebr.*

Raschid | Raschida: der/die Kluge, *arab.*

Rasmus: *skand.* ‣ Erasmus

Raven: *engl.* ‣ Raban

Rea | Rhea: Mutter von Romulus und Remus, *lat.*

Rebekka | Rebecka: Rebecca (engl.), das Rind, *hebr.*

Regina | Regine: die Königin, *lat.*

Reika | Reike: mächtig, reich, *germ.*

Reinhold | Reinold: von Rat und Walten oder Rat und Zuneigung (»hold«); *ahd./germ.*

Remy | Remi: der Ruderer, Kurzform von Remigius, klassisch schweizerischer Name, *lat.*

Renate: Reena, Rena, René, Reni, die Wiedergeborene, *lat.*

Res: schweizerische Kurzform ‣ Andreas

Resi: ‣ Theresa

Reto: der Rätoromane, lange Zeit einer der beliebtesten Jungennamen in der Schweiz, *rätoroman.*

Ria: ‣Maria
Riana: ‣Adrian
Richard | Rickert: Ricardo (ital.), Riccardo (span.), Rick/Richie (engl.), von Righard, der starke Herrscher; berühmt durch den sagenumwobenen Richard Löwenherz, *althdt.*
Rico: Kurzform des italienischen Namens Enrico, in Deutschland beliebt durch den Kinderbuchhelden Rico von Andreas Steinhöfel ‣Heinrich
Rike: Rieke, Rika, Rieka, Ricky, Kurzform, die vor allen Dingen von Friederike abgeleitet wird
Riko: Rieko, Rik, Kurzform von Namen, die wie Henrik mit »rik« enden
Rim: die Gazelle, *arab.*
Rita: *span.* ‣Margarete
Robert: Rob, Robbie, Roberto (ital.) ‣Rupert
Roberta: ‣Rupert
Robin | Robin: das Rotkehlchen; auch als Variante von Robert, *engl.*
Rocco | Rocky: der Fels/felsig, *ital./engl.*
Roger: *niederdt./engl.* ‣Rüdiger
Roland: gebildet aus Ruhm und Mut, *germ.*
Rolf: ‣Rudolf
Roman | Romana: der Römer/die Römerin, *lat.*
Romea | Romeo: der/die Rompilger/in, *ital.*
Romy: ‣Rosemarie
Ronald: Ron, Ronny, *engl.,* Ronaldo (ital.) ‣Reinhold
Ronit: singen, jubeln, *hebr.*
Ronja: Ronia, Ronya, nach Astrid Lindgrens »Ronja Räubertochter«, auch Kurzform von Roxana, *skand.*
Rosa: Rose, Rosie, Rosalia/Rosina (ital.), Rosanna (engl.), Rosika (ung.), die Rose, *lat.*

Rosemarie | Rosmarie: Rosemary (engl.), eigentlich eine Variante von Namen wie Roswitha, bei denen die erste Silbe für das Ross, also das Pferd, stand. Seit langem wird der Name aber als Kombination von Rose und Marie gesehen, *althdt.*

Roxana | Roxane: die Morgendämmerung, verbreitet im englischsprachigen Raum, *pers.*

Ruben: Rouven, Ruven, Ruwen, »Seht den Sohn«, *hebr.*

Ruby: der Rubin, *engl.*

Rüdiger: gebildet aus Ruhm und Speer, *germ.*

Rudolf: Rudi, Rodolphe (frz.), zusammengesetzt aus Ruhm und Wolf, *germ.*

Rüedi: *schweiz.* ‣Rudolf

Rufus: fuchsrot, rothaarig, *lat.*

Rune: das Geheimnis, die geheime Beratung, *schwed./dän.*

Rupert: Rupprecht, Ruprecht, Ruppert, von glänzendem Ruhm, *germ.*

Russell: der Rote, *frz.*

Ruth: die Freundin, *hebr.*

Ryan: der Edle, *gäl.*

Sabah: der Morgen, *arab.*

Sabine | Sabina: die Sabinerin, *griech.*

Sabrina: Nymphe des irischen Flusses Severn, *kelt.*

Sahar: die Morgendämmerung, *arab.*

Sahra: Sohra, Sahara, die Blume, Blüte, *arab.*

Sahra: ‣ Sara

Said | Sait | Saida: der/die mit Glück Gesegnete, *arab./türk.*

Saif: das Schwert, der Säbel, *arab.*

Sakura: die Kirschblüte, *jap.*

Salim | Selim: gesund, *arab./türk.*

Salima | Salma: Selma (türk.) ‣ Salim

Salomon | Salome: Salmon (arab.), friedlich, *hebr.;* das hebräische Wort Schalom, Frieden, hat die gleiche Sprachwurzel

Salvator: Salvador (span.), Salvatore (ital.), der Erlöser, Heiland, *lat.*

Salvia: wohlbehalten, unversehrt, erlöst, *lat.*

Salwa: die Tröstende, *arab.*

Samir | Samira: die unterhaltsame Begleitung, *arab.*

Samson: der Sonnenmann; in der Bibel verdankt Samson seinem reichen Haupthaar ungeheure Körperkräfte, *hebr.*

Samuel: Sam/Sammy (engl.), »Gott ist erhaben«, *hebr.*

Sander: Sándor (ung.), Sandro (ital.) ‣ Alexander

Sandra | Sandy: ‣ Alexander

Sanja: russische Kurzform ‣ Alexander

Sanna | Sanne: *skand./dt.* ‣ Susanne

Santiago: eine Zusammenziehung von heiliger Jakob: Santo und Jago, *span.*

Santo: heilig, Gott geweiht, *ital./span.*

Saphira: die Schöne, der Saphir, *hebr.*

Sara | Sarah: Sarina, Sadie/Sally (engl.), die Fürstin, Stammmutter der Israeliten, *hebr.*

Sascha | Sascha: Kurzform, die im Deutschen vor allem für Jungen, in Russland für Mädchen und Jungen gleichermaßen benutzt wird, *russ.* ‣ Alexander

Saskia: die Sächsin, *ndl.*

Savanna | Savannah: nach dem gleichlautenden Fluss- und Stadtnamen im Staat Georgia, das Wort ist dem Karibischen entlehnt

Scarlett | Scarlet: scharlachrot; nach dem Welterfolg des Films »Vom Winde verweht« wählten viele amerikanische Eltern diese Namen, so auch die der US-Schauspielerin Scarlett Johansson. Deren Popularität wiederum sorgte seit 2008 für ein Revival des Namens, *engl.*

Schafik: der Barmherzige, *arab.*

Schahin: der Wanderfalke, *pers.*

Schahin: königlich, *pers.*

Schahira: die Berühmte, *arab.*

Schakira: die Dankbarkeit, *arab.*

Schandra: der Mond, *ind.*

Scharon: Shari, Sharin, Sharon, die Ebene, *hebr.*

Schirin: die Bezaubernde, *pers.*

Schorsch: süddeutsche Variante des frz. Georges ‣ Georg

Schoschona | Shoshona: *hebr.* ‣ Susanne

Scott: der Schotte, *schott.*

Seán: Siân (wal.), *ir.* ‣ Johann

Sebastian: Sébastien (frz.), der Erhabene, *griech.*

Selde: das gnädige Schicksal, *jidd.*

Selim: *türk.* ‣ Salomon

Selin: reich an Wasser, fruchtbarer Grund, *türk.*

Selina: Selene, Salina, die Mondgöttin, *griech.*

Sem: der gute Ruf, Name; ältester Sohn Noahs, *hebr.*

Sema: Himmelszelt, *türk.*

Senja: stark, maskulin, *slaw.*
Senta: wahrscheinlich Kurzform von Crescentia, die Wachsende, Gedeihende, *lat.*
Sepp: in Süddeutschland und Österreich verbreitet ‣Josef
Serena | Serenus: heiter, gelassen, hell, leuchtend, *lat.*
Serge: Sergej (russ.), Sergio (ital./span.), nach einem römischen Geschlechternamen, *frz./lat.*
Severin: nach einem römischen Geschlechternamen, *lat.*
Sevil: die Liebenswerte, *türk.*
Shannon | Shannon: nach dem gleichnamigen Fluss in Irland, seit den 1980er Jahren auch männlicher Vorname, *ir.*
Shantelle: *amer.* ‣Chantal
Sharon | Scharon: die Küstenebene, *hebr.*
Shawn: englische Schreibweise des irischen Vornamens Sean ‣Johann
Sheryl: wird sowohl von Cheryl abgeleitet als auch von Beryl, dem Halbedelstein Beryll, *engl.*
Sian: *walis.* ‣Johann
Sibylle | Sybille: Sibyl (engl.), Seherin in der griechischen Mythologie, *griech./lat.*
Sidney | Sidney: Sid, Sydney, nach einem englischen Familiennamen, die weibliche Form von Sidonie abgeleitet, *engl./frz.*
Sidonie: eine Frau aus Sidon, *lat.*
Siegfried: Sigfried, Siggi, gebildet aus Sieg und Umfriedung, *germ.*
Siegmund: Siegesmund, Sigmund, Sigismund, Siggi, Sieg und Schutz, *germ.*
Siegrid | Sigrid: Siggi, Siri (nord.), Sieg und Schönheit, auch Wehrhaftigkeit, *germ.*
Sienna: englische Schreibweise der italienischen Stadt Siena

Silja | Silke: *niederdt./finn./fries.* ‣Cäcilie
Silvester | Sylvester: der Waldbewohner, *lat.*
Silvia: Silvi, Silvie, der Wald, *lat.*
Silvio: *ital./span.* ‣Silvia
Simba: der Löwe, *swa.*
Simon | Simone: der/die Stumpfnasige, ursprünglicher Name des Apostels Petrus, die hebräische Form Simeon wird mit »weil der Herr hörte« übersetzt, *griech.*
Sina: Kurzform von Namen wie Rosina
Sinan: die eiserne Speerspitze, *türk.*
Sipoh | Tsepoh: das Geschenk, *zulu*
Sissi | Sissy: ‣Elisabeth
Sita: Göttin des Ackerbaus und der Ernte, *ind.*
Sitara: der Morgenstern, *indian.*
Sitta: die Herrin, *arab.*
Siv: die Braut, *nord.*
Sol: *engl.* ‣Salomon
Sol | Sol: die Sonne, *lat./span.*
Solveig: Saal, Haus und Kraft, *altnord.*
Sonja: *russ.* ‣Sophia
Sönke: Söhnke, Sunke, der Sohn, *fries.*
Sören: *dt/skand.* ‣Severin
Sophia | Sophie: Sofia, Sofie, Soffi, die Weise; seit Jahren einer der internationalen Spitzenreiter in den Namenshitlisten, *griech.*
Soyala: die Wintersonnenwende, *indian.*
Stella: der Stern, *lat.*
Sten: der Stein, *skand.*
Stephan: Stefan, Steffen, Stefano (ital.), Stéphane (frz.), Steven/Steve (engl.), der Gekrönte, *griech.*

Vom Wir und vom Ich

Namen, die verbinden und abgrenzen

Unser Massentrend ist der Individualismus: Exotische, lang vergessene oder ausgesprochen regionale Namen sind ebenso verbreitet wie ungewöhnliche Schreibweisen und ausgefallene Doppelungen von als klassisch oder sehr modisch empfundenen Namen. Ein Phänomen der Neuzeit ist dies jedoch nicht. Schon im Frühmittelalter herrschte eine Namensvielfalt, mit der sich die heutige kaum messen kann. Germanische Namen bestanden meist aus zwei Wortteilen, die man unendlich kombinierte: *Wal-traud*, *Wal-ter*, *Wal-burga*, *Ger-burga*, *Ger-hard*, *Rich-ard* … Erst die Verbreitung christlicher Namen, die unverändert weitergegeben wurden, sorgte für den Umkehrtrend. Mit dem Wachsen der Städte stieg die Vielfalt dann wieder, in der amtlichen Schriftkultur war Unverwechselbarkeit wichtig.

Das Bürgertum drückte sein wachsendes Selbstbewusstsein durch eine sowohl individuelle als auch stammbaumbetonte Namenskultur aus. In der Musikerfamilie Bach findet man neben dem berühmten *Johann Sebastian* seinen Vater *Johann Ambrosius*, seinen Bruder *Johann Christoph* und seine Söhne *Johann Christoph Friedrich* und *Johann Christian*. Womit die Liste der Bachschen Johanns noch nicht erschöpft ist! Familientraditionen sind weit verbreitet: Selbst Stars, die gern exzentrische Kindernamen wählen, folgen dabei einem Muster – darin sind sie »Otto Normalbraucher« ganz gleich.

Welche Kinder sind aus einer Familie?

1	Lynnia-Grace	a	Sparrow James Midnight
2	Poppy Honey Rosie	b	Clementine Poppy
3	Prince Michael	c	Richard
4	Harlow Winter Kate	d	Jeremajesty
5	Holle	e	Paul
6	Don Hugo	f	Kester-William
7	Cosima Violet	g	Egmont Ulrich
8	Sophie Charlotte	h	Hinrich
9	Arabella	i	Mo Vito
10	Lotte	j	Buddy Bear Maurice

Auflösung:

1 und f: Selbstgeschneiderte, wild gemischte Doppelnamen erhöhen die Chance auf einen wirklich einzigartigen Namen – dieses Geschwisterpaar ist zwar nicht prominent, fällt zusammen mit den weiteren Geschwistern Isa-May und Lisa-Doreen aber garantiert auf!

2 und j: Zwei der vier Kinder von Jamie Oliver, die beiden anderen heißen Petal Blossom Rainbow und Daisy Boo Pamela.

3 und d: Prince Michael und Prince Michael 2 sind die beiden Söhne von Michael Jackson. Dessen Bruder Jermaine Jackson machte den royalen Trend mit und setzte seinen Sohn auf einen Klang-Thron.

4 und a: Die Kinder von Nicole Ritchie.

5 und h: Zwei Cousinen einer aus Siebenbürgen emigrierten Großfamilie, die den Zusammenhalt in der neuen Heimat durch die Benennung aller Kinder mit alten, deutschen »H«-Namen beschwor; weitere Kinder heißen Holger, Helga, Hans, Hermann, Hilde und Helmut.

6 und i: Die Söhne von Franziska van Almsick.

7 und b: Die beiden Töchter von Claudia Schiffer haben noch einen Bruder namens Caspar Mathew.

8 und g: Zwei der sieben Kinder von Ursula von der Leyen. Die anderen heißen David Echter, Maria Donata, Victoria Ursula, Johanna Gertrud und Gracia Diotima.

9 und c: Die Kinder der Violinistin Anne Sophie Mutter.

10 und e: Zwei der fünf Kinder von Konrad Adenauer.

Stephanie: Stefanie, Steffi, *griech.* ‣Stephan

Stig: der Wanderer, *nord.*

Stina | Stine: ‣Christian

Stuart | Stewart: der Hofverwalter, *engl.*

Sula: der Tölpel, ein Seevogel, *isländ.*

Suleika: Bedeutung unbekannt, in der westlichen Literatur seit Goethes »West-östlichem Diwan« der klassische Name für eine orientalische Verführerin, *arab.*

Süleyman: *türk.* ‣Salomon

Suna: der Erpel, Symbol der Schönheit und Treue, *türk.*

Sünje | Sunna: die kleine Sonne, *fries.*

Sunny: die Sonnige, *engl.*

Susanne: Susa, Suse, Susi, Susana (span.), Susanna (ital.), Susannah/Susan/Sue/Suzy (engl.), Suzanne/Suzette (frz.), die Lilie, Symbol der Unschuld, *hebr.*

Svea | Sven: eine junge Frau/ein junger Mann (aus Schweden), *skand.*

Svenja: ‣Svea

Svetlana: das Lichtlein, *slaw.*

Swantje | Swaantje: der kleine Schwan, *niederdt./fries.*

Sydney | Sydney: ‣Sidney; Name der Hauptstadt Australiens

Tabea | Tabita: die Gazelle, *hebr.*
Tabib: der Arzt, *türk.*
Tadeo | Tadzio: die polnische Form wurde durch Thomas Manns Novelle »Der Tod in Venedig« berühmt, *span./poln.* ‣ Thaddäus
Taja: *serb./kroat.* ‣ Tatjana
Tale | Talea: *niederdt./fries./ndl.* ‣ Adelheid
Talib: der Schüler, *arab.*
Talitha: das Mädchen, die Tochter, *hebr.*
Tamara: die Dattelpalme, Symbol der Schönheit, *hebr./russ.*
Tamó | Tamo: *ung./dt.* ‣ Thomas
Tanja: Tania, Tanita, Tanya, *russ.* ‣ Tatjana
Tao: der Pfirsich, Symbol des langen Lebens, *chin.*
Tara: der Stern, *ind.*
Tarek: Tarik, Tariq, der nächtliche Besuch, *arab./türk.*
Taro: ein dicker junger Mann, Gatte, *jap.*
Tasso | Tassilo: die Tat, *ital.*
Tatjana: nach dem römischen Familiennamen Tatius, *russ.*
Tea: ‣ Theodor
Ted: *engl.* ‣ Theodor
Tekla | Thekla: Ruhm Gottes, *griech.*
Telkin: der Prinz, *türk.*
Terence | Terrence: römischer Geschlechtername, *lat./engl.*
Teresa | Teres: Terry / Tessa / Tess (engl.) ‣ Theresa
Thaddäus: Beiname des Apostels Judas, Bedeutung unbekannt, *griech.*
Thea | Theo: ‣ Theodor
Theodor | Theodora: von Gott geschenkt; die weibliche Form ergibt in der Umstellung Dorothea, *griech.*
Theresa: Thera, Therese, Theresia, Theresie, Tracy (engl.), eine Frau von der Insel Therasia; weit verbreitet als klassischer Name der Habsburger, *griech.*

Thomas | Tomas: der Zwilling, *hebr.*
Thorge: Tore, Ture, aus Thor und Kämpfer, *nord.*
Thorsten | Torsten: der Stein Gottes (Thors), *nord.*
Tiana: ‣Christine, Diana
Tiffany: die Erscheinung, *griech./engl.*
Tikva | Tikwa: die Hoffnung, *hebr.*
Tilda | Tilde: *engl./skand.* ‣Mathilda
Till: Til, Tilman, Tyll ‣Dieter
Tilla | Tilly: Kurzform von Namen wie Mathilda
Tim: Timm, Timo, Timothy (engl.), von Timotheus, der Gott Verehrende, *griech.*
Timur: der Kämpfer, *türk.*
Tina | Tine | Tini: Kurzform von Christine und Christiane
Tita | Tito | Titus: römischer Geschlechtername, *lat.*
Tiva: der Tanz, *indian.*
Tizia | Tizian: *span.* ‣Titus
Tjark: *skand.* ‣Dieter
Tobias: Tobia (ital.), Toby (engl.), »Jahwe ist gütig«, *hebr.*
Toivo: die Hoffnung, *finn.*
Tom: Tommi, Tommy, Tomi ‣Thomas
Tonio: Toni, Tony, *ital.* ‣Anton
Tosca | Toska: eine aus Tuzien, der heutigen Toskana, *ital.*
Tova | Tove: aus dem Namen des Gottes Thor gebildet, *nord.*
Traude: Traudi, Traudl, Trude ‣Gerta
Travis: die Brücke, Grenze, *engl.*
Trixi: ‣Beatrix
Tuğçe: das Krönchen, die kleine Prinzessin, *türk.*
Tyler: Dachziegel, *engl.*

Udo: im Nigerianischen bedeutet der Name Frieden ‣ Otto

Ulf: ‣ Wolf

Ulla: Kurzform von Ulrike und Ursula, *skand.*

Ulrich: Uli, Ulli, Ullrich, der Herrscher über das Erbe, *germ.*

Ulrike: Ulrieke, Uli, Ulli, Ulla ‣ Ulrich

Ulysses: lateinische Form von Odysseus, berühmt durch den Helden der »Odyssee« und den Roman von James Joyce, *lat./griech.*

Una: die Einzige (lat.), die Gedeihende (nord.), das Lamm (gäl.), *lat./nord./gäl.*

Undine: die Nixe, *lat.*

Urias: Uriel, Uri, »Jahwe ist mein Licht«, *hebr.*

Urs: der Bär, *lat.*

Ursula: Ursel, Ursina, Uschi, die Bärin, *lat.*

Uta | Ute: althochdeutsche Form von Oda, Heldin des Nibelungenlieds und im 20. Jahrhundert sehr verbreitet. Die seltenere Form Utta zeigt die Verwandtschaft zum männlichen Namen Otto.

Uwe: der Tätige, *fries.*

Valentin|Valentina: gesund, robust, nach dem römischen Geschlechternamen Valentinus, *lat.*

Valerie: Val/Valery (engl.), die Starke, Gesunde; römischer Geschlechtername

Vanessa: Kunstname des englischen Dichters Jonathan Swift

Vassili: der König, neugriechische Form von Basilius; im slawischen Raum ist die Form Vassilij verbreitet, *griech.*

Venice: Venedig, *engl.*

Venus: die Göttin der Liebe, *lat.*

Vera|Wera: Verica (serb./kroat./slow.), Veruschka (russ.), der Glaube (russ.), die Wahrheit (lat.), *russ./lat.*

Verena: bekannt durch die heilige Verena

Veronika: Verona (ital.), Véronique (frz.), die Siegbringerin (griech.) wird allerdings auch als »wahres Abbild« gedeutet (lat.), *griech./lat.*

Vesna: der Frühling, auch die vom Schlaf Erwachte, *slaw.*

Viktor|Victor: Vittorio (ital.), der Sieger, *lat.*

Viktoria: Victoria, Vicky ‣ Viktor

Vincent|Vince: *ndl./engl.* ‣ Vinzenz

Vinzenz|Vinzentia: der/die Siegende, *lat.*

Viola: Violet (engl.), Violetta (ital.), Violette (frz.), das Veilchen, *lat.*

Vitali|Vito: lebendig, Leben spendend, *lat./slaw.*

Viveka|Vivika: *schwed.* ‣ Viviane

Viviane: Vivian, Viviana, Vivien, Vivi, Vivia, Vivian (engl.), die Lebendige, *lat.*

Vreni: *süddt.* ‣ Verena

Vroni: *süddt.* ‣ Veronika

Waldemar: der ruhmreiche Herrscher, *germ.*

Walter | Walther: gebildet aus Walten und Heer, *germ.*

Waltraud: Waltraude, Waltraut, Waltrud, Wally, gebildet aus Walten und Vertrauen, *dt.*

Wanda | Wendelin: jemand vom Stamm der Vandalen, *poln.*

Wanja: *russ.* ‣ Johann

Warda: die Rose, *arab.*

Wenke: die Freundin, *ahd./niederdt.*

Werner: der umsichtige Heerführer, *germ.*

Wesley: Lichtung, Wiese; englischer Familienname, *engl.*

Wiebke | Wibeke: die junge Frau, Kämpferin, *ahdt./niederdt.*

Wilhelm: Willi, Willy, gebildet aus Wille und Helm, traditioneller Name der Habsburgerdynastie, *germ.*

Wilhelma: Wilhelmine, Wilma ‣ Wilhelm

William | Will: Traditionsname im Königshaus Windsor, *engl.* ‣ Wilhelm

Wim: *ndl.* ‣ Wilhelm

Winona: die Erstgeborene, *indian.*

Winston: nach einem englischen Familiennamen, *engl.*

Wladimir: Vladimir (engl./frz./serb./kroat.), gebildet aus Ruhm und Friede, *russ.*

Wolf: der Wolf, *germ.*

Wolfgang: ein Krieger mit Wolfsattributen, *germ.*

Weisheit regiert die Welt

Namen auf den internationalen Hitlisten

Was waren das für Zeiten, als man mit neunundneunzigprozentiger Sicherheit eine Claire als Französin, eine Mette als Skandinavierin und einen John als Angelsachsen erkennen konnte. Heute sind die beliebtesten Namen der westlichen Welt fast alle polyglott. Im Jahr 2013 ist der Longseller *Sophie/Sophia* in den USA, Deutschland, Italien, Spanien die Nummer 1 der Mädchennamen, in England und Österreich die Nummer 3. *Emma*, der 2013 meistvergebene Mädchenname Frankreichs, nimmt in den USA Platz 2, in Österreich Platz 4 und in Deutschland Platz 6 ein.
Bei den männlichen Namen gibt es zwar auch internationale Hits wie *Luca*, *Nathan*, *Noah*, *Alexander* und *William*, die vordersten Plätze weisen aber größere Unterschiede auf: Jungen werden nach wie vor traditionsbewusster benannt.

In der als offiziell geltenden Erhebung des Instituts für deutsche Sprache wurden Erst- und Zweitnamen deutscher Neugeborener gleichermaßen erfasst. *Sophia/Sophie* und *Maria/Marie* sind als Zweitnamen sehr beliebt, bei den Rufnamen sollen – dies entspricht verschiedenen anderen Erhebungen – die tatsächlichen Favoriten *Mia*, *Emma*, *Hanna(h)*, *Sophia* und *Anna* sein. Bei den Jungen *Ben*, *Paul*, *Luca(s)*, *Finn* und *Jonas*.
Alle rechts genannten Platzierungen beziehen sich mit Ausnahme Italiens (2012) auf das Jahr 2013.

Frankreich

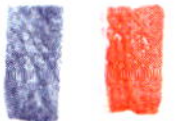

Emma • Lola • Chloé • Inès • Léa
Nathan • Lucas • Léo • Enzo • Louis

Schweiz

Mia • Alina • Sara • Laura • Lea
Noah • Leon • Luca • Julian • Levin

Österreich

Anna • Hannah • Sophie • Emma • Sarah
Tobias • Lukas • Maximilian • Felix • Jakob

Deutschland

Sophie/Sophia • Marie/Maria • Mia • Emma
Maximilian • Alexander • Paul • Luca • Ben

USA

Sophia • Emma • Olivia • Isabella • Ava
Noah • Liam • Jacob • Mason • William

Niederlande

Tess • Sophie • Julia • Emma • Lisa
Sem • Levi • Bram • Daan • Finn

England

Olivia • Emily • Sophia • Lily • Isabella
Oliver • Jack • Charlie • Harry • Oscar

Spanien

Lucía • Sofia • Daniela • Paula • Sara
Hugo • Daniel • Pablo • Alejandro • Adrián

Xaime: *span.* ‣Jakob

Xander: ‣Alexander

Xaver|Xavier: nach dem französischen Schloss Xavier, Beiname eines Heiligen, *dt./frz.*

Xenia: die Gastfreundliche, *griech.*

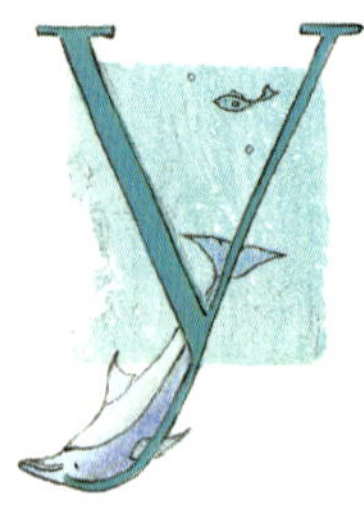

Yago: *span.* ‣Jakob

Yaki|Jaki: 8000, eine der Glückszahlen, *jap.*

Yakub: *arab./türk.* ‣Jakob

Yamina|Jamina: die (glückliche) rechte Hand, *arab./hebr.*

Yan: Yanik, Yann, Yannick, *breton.* ‣Johann

Yana|Yanicka: *breton./slaw.* ‣Johann

Yang|Yang: das Licht, die Sonne, *chin.*

Yasemin: der Jasmin, *pers./türk.*

Yasemin|Yasmin: *pers./türk.* ‣Jasmin

Ylva: die Wölfin, *nord.*

Yoko: ‣Joko

Yuki|Yuki: der Schnee, *jap.*

Yul: jenseits des Horizonts, *mon.*

Yul|Yule: der/die zur Weihnachtszeit Geborene, *nord.*

Yuma: der Sohn eines Führers, *indian.*

Yunus|Junus: der Delphin, zudem die türkische Variante von Jonas, *türk.*

Yuriko: das Lilienkind, *jap.*

Yusuf: Jussuf, Yousef, *arab./türk.* ‣Josef

Yvette|Yvonne: vom althochdeutschen Ivo, *frz.*

Zacharias: Zachary/Zack (engl.), »Gott hat sich erinnert«, *hebr.*
Zahra | Zara: : ‣Sahra
Zaid | Said: der Wachsende, *arab.*
Zilla: ‣Cäcilie
Ziska | Zissi: ‣Franziska
Zlatka | Zlatko: der/die Goldene, *slaw.*
Zoe: Zoë/Zoé (frz.), Zoey (engl.), das Leben, *griech.*
Zoltán: der Herrscher, Sultan, *ung.*
Zora | Zoran: Kurt Helds Roman »Die rote Zora« machte diese Variante von Aurora auch bei uns beliebt, *slow./serb./kroat./bulg.*

Wussten Sie schon, dass …

… Anna seit sieben Jahren der beliebteste Name Österreichs ist? So beständig ist kaum ein anderes Land!

… Anne und ähnlich klingende Worte in vielen Sprachen Mutter heißen, so im Türkischen?

… Migranten in ihrer Namenswahl oft konservativer sind als ihre daheim gebliebenen Landsleute? Sie bewahren die mitgebrachten Namen als ein Stück Heimat, die dortigen Namensmoden spielen keine Rolle mehr.

… in Schweden kurze Mädchennamen mit E der Hit sind? Elsa, Emma und Ebba stehen auf den vordersten Plätzen.

… Jennifer als Variante von Genoveva gedeutet wird, also eigentlich kein englischer Name ist?

… die Plätze 72 und 73 auf der offiziellen deutschen Namenshitliste 2014 ausgerechnet von Stella und Luna eingenommen wurden?

… die Bestseller *Harry Potter*, *Twilight* und *Die Tribute von Panem* kaum Auswirkung auf die Namensgebung hatten, während die Namen aus den Büchern von Astrid Lindgren zu deutschen Klassikern wurden?

… man assimilationswilligen Juden oft christliche Namen verwehrte, während man den Ureinwohnern von Kolonialstaaten selbige aufzwang?

… der aus dem Germanischen stammende Name Emma dank eines englischen Klassikers zum internationalen Hit wurde? Im deutschsprachigen Raum lange aristokratisch behaftet und Anfang des 20. Jahrhunderts ungemein beliebt, wurde er ab etwa 1920 zum klassischen Dienstmädchen- und Köchinnennamen, und der »Tante-Emma-Laden« wurde ein stehender Begriff. In England erfreute sich der Name dank zweier Verfilmungen des Romans *Emma* von Jane Austen seit Ende der neunziger Jahre größter Popularität und eroberte sich dadurch nicht nur den deutschen Sprachraum zurück: Heute ist er einer der in der westlichen Welt beliebtesten Namen. Emily und Emil haben mit Emma etymologisch zwar nichts zu tun, gewannen als Klangverwandte aber gleichfalls enorm an Popularität.

… im 15. Jahrhundert fast jeder dritte Kölner *Johannes*, in manchen Gegenden jede vierte Frau *Margarethe* hieß?

… verschiedene Studien über die soziale Einstufung von Kindern anhand ihrer Vornamen großes Medienecho fanden und den Gutachtern und Beratern der Institute für Sprachforschung in Leipzig und Wiesbaden großen Zulauf von verunsicherten Eltern brachten?

… man Namen mit eindeutig diffamierendem Beiklang wie Luzifer oder Binladen nicht vergeben darf?

… Prominente wegen ihres Hangs zu ausgefallenen bildhaften Namen wie Peaches, Apple, North, Egypt, Sunday Rose oder Tiger belächelt werden, während niemand an der Wahl von gebräuchlichen Namen wie Cherry, Hazel, Norman, Rosa und Wolf etwas Auffallendes finden kann?

… der Sohn von David Bowie seinen Namen Zowie in Duncan ändern ließ?

… es nicht schlau ist, kleine Mädchen Kleopatra oder Venus zu nennen, wenn sie nicht garantiert Schönheitsköniginnen werden? Namen mit zu starkem Beiklang sind eine tückische Sache und können belastend sein.

… unter den aktuellen schwedischen Favoriten nicht Gustaf, sondern William vertreten ist?

… viele Namen durch feine Nuancen und den sich wandelnden Zeitgeist ganz unterschiedliche Beiklänge bekommen können? August zum Beispiel ist der dumme August, der kaiserliche und gelehrte Augustus oder der noch gelehrtere und fromme Augustinus. Augustine und Augusta sind allerdings immer feine Mädchen – nur als Gustl werden sie handfest!

… man Leute, die die Namen Jacqueline oder Gilbert nicht schön französisch aussprechen können, schief anschaut, während sich niemand an klanglich eingedeutschten Namen aus weniger gängigen Sprachen wie Schwedisch oder Kroatisch stört? Kerstin etwa müsste eigentlich »Scherstin«« gesprochen werden, Lars »Losch« und Zora »Sora«. Auch viele der bereits in der Nachkriegszeit in Deutschland bekannten Namen wie Charlie oder Marilyn werden noch heute deutsch ausgesprochen und so auch als richtig empfunden.

… es in Japan professionelle Namensratgeber gibt? Sie beraten nicht nur mit Blick auf die perfekte, glückbringende Bedeutung, sondern auch auf die ästhetische Qualität des Schriftzeichens.

… Zweit- oder Drittnamen heute ohne amtliche Genehmigung zum Rufnamen werden können?

… Ordensleute ihre Geburtsnamen mit dem Gelübde ablegen?

… Künstlernamen in den Pass eingetragen werden müssen?

… es bei vielen Völkern Baby-, Kinder- und Erwachsenennamen gibt? Der endgültige Name wird entweder konkret für die charakterlich ausgereifte Person ausgesucht oder vom Träger selbst gefunden – berühmt sind in diesem Zusammenhang die durch Askese und Isolation geprägten spirituellen Wanderungen der nordamerikanischen Indianer. Auch unsere Kinder- und Kosenamen haben Sinn und Zweck: Die ersten können abgelegt werden, die zweiten schaffen Intimität und sorgen für Entspannung und Vertrautheit. Die Verwendung des Kosenamens ist den Nächsten und Liebsten vorbehalten.

… es für Kinder nur bedingt komisch ist, wenn ihr Vorname sich mit dem Nachnamen reimt oder die Kombination wie bei »Rosa Nelke« einen Sinn ergibt?
… die Namenskunde Onomastik heißt und Teil der Etymologie ist und dass es zu vielen Namen mehr als einen Herleitungs- und Deutungsversuch gibt?

… dass die Sängerin Senta-Sofia Delliponti mit dem Künstlernamen »Oonagh«, den sie auf eine keltische Gottheit zurückführt, Anfang 2014 so große Erfolge feierte, dass der Una gesprochene Name trotz der exotischen Schreibweise Eingang in die Taufregister fand?

… australische Aborigines und nordamerikanische Indianer die Namen von Verstorbenen nicht weitergeben, da die Namen mit ins Totenreich übergehen und die Nutzung durch andere nicht angebracht ist?

… man in Afrika genau anders denkt und die Namen Verstorbener rasch wieder vergibt, damit die Ahnen durch stetes Gedenken wohlgesinnt bleiben?

… Island das einzige Land der Welt ist, in dem die Telefonverzeichnisse nach dem Vornamen geordnet sind? Streng genommen gibt es dort keine echten Nachnamen, nur die Weitergabe des väterlichen Vornamens als Familiennamen, z. B. Vigfusson für Söhne und Vigfusdottir für Töchter.

… Menschen, deren Kinder zweisprachig aufwachsen, sehr darauf achten, dass der Name ihrer Kinder in beiden Sprachen gut ausgesprochen und problemlos geschrieben werden kann?

… der Hang zur Individualität und die gleichzeitige Liebe zu Modenamen selbst bei den kürzesten Namen zu zahlreichen Schreibvarianten führt wie Finn, Fin, Fynn, Fyn oder Lilli, Lili, Lily, Lilie?

… das Benennen eines Menschen sowohl mit Verantwortung als auch mit Macht verbunden ist? In der Bibel sind Gottes erste Worte: »Ich heiße dich Adam.« Heißen wurde früher auch als Befehl oder Anweisung benutzt: »Ich heiße dich zuzuhören.« Adam und seinen Nachkommen verwehrt Gott die Kenntnis seines Namens, ebenso wie Allah ist Jahwe ein Platzhalter. Auch Könige und Würdenträger ließen sich von Untergebenen nie mit Namen ansprechen, sondern mit respekteinflößenden Anreden wie »Eure Durchlaucht«.

… die Sängerinnen Nicole und Lena die Beliebtheit ihrer eh schon populären Namen durch die Grand-Prix-Siege noch einmal steigerten?

… auch biblische Figuren ihre Namen mit den Lebensstadien wechselten? Aus dem Heiden Saulus wurde der Apostel Paulus, aus Noemi, der Fröhlichen, nach dem Tod ihres Mannes Mara, die Bittere.

… eine lateinische Endung nicht unbedingt heißt, dass der Name lateinischen Ursprungs ist? Carolus ist z.B. die latinisierte und damit die internationale Schriftfassung des deutschen Namens Karl.

… dass der Prinz von Wales und seine Gattin Erzherzogin Katherine die Welt durch nichts mehr hätten verblüffen können, als ihrem Erstgeborenen einen anderen als einen klassischen Windsor-Namen zu geben? Dies war so unwahrscheinlich, dass die Wetten auf den Namen des »Royal Baby« sich auf ganze acht Namen beschränkten.

… in vielen Geschichten Zauberei oder Voodoo nur dann ausgeübt werden kann, wenn man den Namen des Opfers weiß?

… sich noch heute Pfarrer in manchen Ländern oder ländlichen Regionen weigern, andere als christliche Namen bei der Taufe zu benutzen?

… unter Franco katalanische, galizische und baskische Namen verboten waren?

… Mohamed nebst seinen Varianten wie Mehmet und Muhamed nach wie vor der in der islamischen Welt meist verbreitete Name ist?

… in vielen asiatischen Sprachen der Ruf- nach dem Familiennamen steht?

… der Name Clinton im Kosovo als Vorname beliebt wurde, da der ehemalige amerikanische Präsident sich dort stark für den Frieden engagiert hatte?

… Rhythmus und Klangspiel von Vor- und Nachnamen gut aufeinander abgestimmt sein sollten?

… es ungünstig ist, wenn man einen Vornamen mit dem Konsonanten enden lässt, mit dem der Nachname beginnt, da dann der Endkonsonant des Vornamens verschluckt wird?

… lange Nachnamen nicht unbedingt mit einem langen Vornamen gekoppelt werden sollten?

… über die Hälfte aller deutschen Kinder ihre Namen aus dem Pool der 60 beliebtesten Namen beziehen?

… man heute auch Namen vergeben darf, die wie Kim oder Noa nicht eindeutig weiblich oder männlich sind? Früher musste ein Zweitname für Klarheit sorgen.

… Eltern in Südafrika bis zu einem Jahr Bedenkzeit haben, um ihrem Kind einen Namen zu geben? In Deutschland sind es vier Wochen.

… man in folgenden Instituten Rat und Informationen rund um das Thema Namen bekommt?

Gesellschaft für deutsche Sprache e.V.
Spiegelgasse 13
65183 Wiesbaden
Sprach- und Vornamenberatung
www.gfds.de
E-Mail: sekr@gfds.de

Universität Leipzig
Namenkundliches Zentrum | Namenberatungsstelle
Beethovenstr. 15
04107 Leipzig
Telefon: +49 341 973 74 63
E-Mail: namenberatung@uni-leipzig.de
www.namenberatung.eu

Literaturverzeichnis
(natürlich nach Vornamen sortiert)

Alfons Kaiser (Hg.): *Die Welt der Vornamen. Anleitungen aus 22 Ländern, Namen zu verstehen*, mit Zeichnungen von Beck, Europäische Verlagsanstalt, Hamburg 1998

Dietrich Voorgang: *Nordische Namen*, Falken Verlag, Niedernhausen/Ts. 1999

Dietrich Voorgang: *Von Alissa bis Zoltan. Vornamen aus aller Welt*, Mosaik Verlag, München 2002

Friedrich Christian Lindau: *Von Alexandra bis Zacharias. Vornamen mit Tradition*, Falken Verlag, Niedernhausen/Ts. 1999

Konrad Kunze: *dtv-Atlas Namenkunde. Vor- und Familiennamen im deutschen Sprachgebiet*«, München 1988/2004

Kurt Franz/Albrecht Greule (Hg.): *Namensforschung und Namensdidaktik*, Schneider Verlag, Hohengehren 1999

Lutz von Thüngen: *Das Namenbuch: Nachschlagewerk der Namenkunde. Sinn und Herkunft von Vor- und Stammesnamen*, EKB-Verlag, Aschaffenburg 2003

Patrick Hanks/Flavia Hodges: *Dictionary of First Names*, Oxford University Press, Oxford 1990

Rosa und Volker Kohlheim: *Das große Vornamenlexikon*, Dudenverlag, Mannheim 2007/2012

Waltraud Legros: *Was die Wörter erzählen*, Deutscher Taschenbuch Verlag, München 2004

Wilfried Seibicke: *Vornamen*, hg. von der Gesellschaft für deutsche Sprache Wiesbaden, Verlag für Standesamtwesen, Frankfurt/M./Berlin 2002

Weitere Quellen:
Österreich: Statistik Austria
Schweiz: Statistik der Schweizerischen Eidgenossenschaft
USA: Auswertung der Social Security Cards 2013
Frankreich: Stéphanie Rapoport, L'Officiel des prénoms, 2013
Schweden: Statistika Centralbyrån
Niederlande: Sociale Verzekeringsbank
Spanien: www.babycenter.de
Italien: www.beliebte-vornamen.de

Die alternativen Angaben zu den populärsten Rufnamen stammen von Knud Bielefeld, www.beliebte-vornamen.de

Dank an die Gesellschaft für deutsche Sprache, Wiesbaden, für die zur Verfügung gestellten offiziellen Listen zur Namenserhebung in Deutschland.

Und ein Extra-Dank an die Unterstützerinnen Julia, Joana, Anja und Marianne.

 Bezugspapier: Daniela Bunge, Berlin. Gesetzt in den Schriften Minion Pro und Scala Sans. Gedruckt auf holzfreies, alterungsbeständiges Papier der Firma Geese, Henstedt-Ulzburg, von der Memminger MedienCentrum AG. Gebunden in Fadenheftung von der Josef Spinner Großbuchbinderei GmbH, Ottersweier. Printed in Germany. Erste Auflage 2015.
ISBN 978-3-458-19402-6